FUNDAMENTOS DO ANARCO-CAPITALISMO

Uma Nova Ordem para o Brasil e o Mundo

Antony P. Mueller

Fundamentos do Anarco-Capitalismo. Uma Nova Ordem para o Brasil e o Mundo
Copyright © 2018 por Antony P. Mueller.
ISBN: 978171796482
Todos os direitos reservados. Nenhuma parte deste livro pode ser reproduzida em qualquer forma ou por qualquer meio eletrônico ou mecânico, incluindo sistemas de armazenamento e recuperação de informações, sem permissão por escrito do autor. A única exceção é por um revisor e por fins acadêmico, que podem ser citar trechos.
Impresso nos Estados Unidos da América
Primeira impressão: Agosto de 2018 por Amazon KDP
O texto e parcialmente baseado em "Beyond the State and Politics" (ISBN-9781980828754)
e "Principles of Anarcho-capitalism and Demarchy" (ISBN-9781980828754)

CONTEÚDO

Prefácio
Introdução

I. Escapar dos calabouços de ideologias erradas
- Na busca de boa governança
- A ordem do anarquismo
- Positivismo
- Keynesianismo
- Desenvolvimentismo

II. Além do Estado e da Política
- Economia e sociedade
    Princípios básicos do Anarco-Capitalismo
- Capitalismo de Estado
    Evolução capitalista
    Variedades do capitalismo
    As raízes fascistas do capitalismo de estado
    O programa fascista
- Mudança Institucional
- Democracia e capitalismo
    O anarco-capitalismo no espectro político
    Posicionamento do libertarianismo
- Projetos de transformação

Principais etapas para uma sociedade livre
- Resumo

III. O Caminho para o Anarco-Capitalismo
- O anarco-capitalismo é possível?
     O espiral dos custos dos serviços público
- A luta pela liberdade
- Morte dos porteiros
- Rumo ao novo mundo da liberdade
- Resumo

IV. Demarquia - escolha política por sorteio
- O que é demarquia?
- Etapas institucionais
- Órgãos
     Órgãos Básicos de uma Demarquia
     A Assembleia Geral e a Executiva
     Rotação dos membros da Assembleia
     Cronograma das etapas
Resumo

V. Um novo amanhecer
- Romper os grilhões do fracasso
     O triângulo das crises
- O falso ideal do socialismo
- Sair do estatismo
- Emprego e produtividade

VI. Princípios do anarco-capitalismo e da demarquia
- O problema
- Socialismo - capitalismo
- Por que o capitalismo funciona e o socialismo não
- O Estado e seus agentes
- A servidão voluntária
- A chamada do indivíduo
- O que é anarquismo?
     Tipos de anarquismo
- Perspectivas
- Resumo

VII. Apêndice
- Conceitos básicos
- Falhas governamentais
- Incriminações fundamentais contra o Estado
- Princípios da governança econômica
- Princípios do anarco-capitalismo
- Princípios do anarquismo individualista

Anarco-Capitalismo. Uma Bibliografia Anotada
Lista das tabelas e gráfico
Referências Bibliográficas estendida
Sobre o autor

Antony P. Mueller

PREFÁCIO

O socialismo foi experimentado na Europa, na Ásia e na África. Que também falharia na América Latina, não é uma surpresa. Apesar de seu cartão de pontuação desastroso, o socialismo ainda tem seus seguidores. Em negação da realidade, socialistas e comunistas tentarão repetidas vezes realizar a sua utopia fracassada. A última baixa de uma tomada socialista do Estado é a Venezuela. No entanto, até mesmo a riqueza da Venezuela não pôde impedir a marcha para o abismo. Onde quer que o socialismo tenha sido tentado levou à miséria e à supressão. O socialismo não foi a resposta adequada para os desafios do século passado, será menos a resposta correta aos desafios do novo milênio.

Mais capitalismo livre é o futuro, não mais socialismo. O passado mostrou que, diferente do socialismo, onde quer que um povo adotasse o capitalismo, a riqueza se espalhava. Quanto mais capitalismo livre, mais próspero o povo se tornaria. No passado, porém, nenhuma nação abraçou o capitalismo por inteiro. Em vez do capitalismo verdadeiro em sua forma livre como anarco-capitalismo com uma economia de 'laissez-faire', o capitalismo de Estado socialdemocrata tornou-se o sistema econômico predominante até hoje em dia.

Socialdemocrata em intenção e em conteúdo e organizado como capitalismo de estado, mesmo os chamados países avançados não têm um capitalismo autêntico. Enquanto alguns países se aproximam do ideal do capitalismo puro, outros estão mais distantes. A maioria dos países modernos oscila em torno de um sistema de governança que é de caracterizar como 'capitalismo de Estado social-democrático' ('*socialdemocratic state capitalism*' e '*liberal democracy*')

No entanto, a era socialdemocrata está chegando ao fim.

O capitalismo de Estado social-democrático não pode sobreviver. Ele está indo à falência. Este tipo de governança precisa para existir cada vez de mais dívida. Quando a acumulação da dívida pública atinge seu limite, o sistema deve entrar em colapso. Estamos perto do ponto de inflexão, onde quase não há mais um Estado com finanças públicas sólidas.

Não haverá uma mudança do sistema atual enquanto houver a última gota de mais dívida pública disponível para os governos. No entanto, o insight não prevalecerá. Os governos não aplicam correções quando ainda há tempo de fazer uma reviravolta, embora o colapso seja evitável, não será evitado. A lógica interna do sistema inibe uma correção.

É preciso uma grande crise para fazer uma grande mudança. A mudança para o anarco-capitalismo e para um sistema de seleção dos representantes legislativos pela loteria seria uma grande mudança. A hora de abandonar o capitalismo de Estado social-democrático ocorre quando um governo após governo declarara falência. Este livro é um texto preparativo para este acontecimento. A próxima grande crise precisa ser a hora dos libertários.

O grande perigo é tomar o caminho para ainda mais socialismo. O pior que poderia acontecer na confrontação com a grande crise da dívida pública seria um recuo na história para um capitalismo de Estado ainda maior e um socialismo ainda mais abrangente. As nações que escolherem este caminho estarão condenadas a pobreza e a supressão. O sofrimento do povo pode até ir além do que aconteceu sob o regime comunista no passado.

O caminho para um futuro melhor não é mais socialismo, mas mais capitalismo. Este texto do livreto "Princípios do anarco-capitalismo e da demarquia" delineia uma ordem na qual os representantes do povo são selecionados por sorteio, onde todas as empresas são privatizadas e o sistema judicial, o aparato interno e externo de segurança, a educação e a saúde, e também o governo estão de caráter privado, baseados em princípios de mercado e não do comando.

Sob a supervisão da Assembleia Geral, que é composta de membros escolhidos aleatoriamente, o governo é terceirizado para uma empresa de administração do governo privado (*'private government management company'*) que - diferentemente dos atuais políticos partidários - desfruta da perícia para conduzir um governo racional. Estas empresas do governo privado atuam num mercado competitivo para ser contrato pela Assembleia.

Mais que outras regiões, o Brasil e outros países de América Latina podem ser os pioneiros neste tipo de governança. Os povos latino-americanos sofreram o suficiente com políticos criminosos, incompetentes, corruptos e fracos. Sem grandes barreiras naturais à criação de riqueza, as pessoas na América Latina foram mantidas pobres por seus governos. Governo sem políticos deve aparecer como libertação.

Seja monarquia ou democracia, seja comunismo do fascismo, nenhum desses regimes trouxe a prosperidade esperada para o povo da região. Em vez de fechar a distância até a parte norte do continente, a brecha se tornou mais ampla e, em vez de ter uma decolagem como em alguns países da Ásia, a estagnação seria o sinal do subcontinente americano.

Ainda, não estamos no final da história. A civilização ocidental não para na Califórnia. O caminho do progresso político que começou com a civilização grega e cresceu na Europa e floresceu na América do Norte ainda há de incluir a América Latina. Cabe agora à América Latina continuar a tocha da liberdade e se tornar o novo anfitrião da liberdade e da prosperidade. Enquanto a Ásia pode continuar a se tornar mais próspera ao custo da liberdade, a América Latina deve mostrar ao mundo que uma região se pode tornar ainda mais próspero com a liberdade.

Do México à Argentina e incluso todo o Caribe, a região latino-americana é grande e diversificada o suficiente e, em grande parte, longe de ameaças imediatas de guerra. Uma constelação que é facilita porque há alguns países grandes e alguns pequenos da região que podem começar com uma experiência que o mundo nunca viu. A grande contribuição da América Latina, sua missão histórica, poderia ser tornar-se o pioneiro do anarco-capitalismo e da demarquia.

O Brasil, em particular, parece estar predestinado a assumir um papel de liderança neste processo histórico. Ideologicamente flexível, individualista, amplamente educado e dedicado, o povo brasileiro pode encontrar sua missão histórica em provar ao mundo que o capitalismo livre em combinação com um governo privado não apenas funciona, mas que traz prosperidade e liberdade para o povo.

Neste livro se descreve os passos decisivos que precisam ser tomados para chegar a esse futuro esplêndido. O que está à frente é uma revolução pacífica. A vitória pode vir sem mártires. Tudo o que é preciso para seguir o caminho é coragem e confiança.

INTRODUÇÃO

O livro "Fundamentos do Anarco-Capitalismo", destaca na primeira parte a necessidade de escapar dos calabouços de falsas ideologias que inibem o avanço. Depois se analise a as exigências de uma ordem política e econômica além do atual sistema de capitalismo de estado, da política partidária e da intervenção governamental. A terceira parte discute a estrutura de governança em uma ordem libertária e os detalhes de um processo de composição do corpo legislativo por seleção aleatória entre os membros do eleitorado. A parte depois discute o desafio de sair da armadilha da renda média e entrar no caminho da prosperidade. A quinta parte fornece dez leis fundamentais da economia como diretrizes, uma bibliografia anotada do anarco-capitalismo por Hans-Hermann Hoppe como base para estudos e investigações adicionais e amplias referências bibliográficas.

A agenda política da democracia moderna afirma que o governo poderia prevenir e curar o desemprego, crises econômicas, recessões, depressões, inflação, deflação e desigualdade, e que o Estado poderia fornecer educação, saúde e seguridade social para todos. As promessas de aumento de renda e da estabilidade de emprego dominam as campanhas políticas. Todavia, a política nunca alcançou essas afirmações. No futuro, o sistema de política partidária menos ainda cumprirá suas reivindicações.

Enquanto as políticas tradicionais não funcionaram no passado e cumprirá ainda menos no novo milênio. A resposta não é mais da política antiga, mas nós precisamos eliminar a política e o estado. Temos que acabar com as políticas econômicas e sociais convencionais. Não mais intervenção do governo é a resposta, mas se requer menos Estado e mais capitalismo livre.

As novas tecnologias contêm a solução dos problemas que eles apresentam. Enquanto o progresso tecnológico destrói ocupações, as inovações tornam a economia mais produtiva. Uma maior produtividade é a chave para abrir a porta de um futuro melhor.

Novas ferramentas tornarão o aparato político obsoleto e permitirão privatizar as funções do governo e da administração pública. Com o fim da política partidária e do domínio monopolista do Estado um peso financeiro colossal cai dos ombros da população. Imagine um mundo onde o custo de vida é apenas uma fração do hoje e as contribuições exigem apenas uma parte insignificante da renda. Com uma produtividade tão alta que o poder de compra dos salários ultrapassaria por um fator significativo os níveis do passado, as ansiedades que afligem as pessoas hoje em dia sobre segurança no emprego se dissipariam.

Em contraste com um sistema de capitalismo livre e de uma sociedade sem estado, o sistema da socialdemocracia contemporâneo marcha para mais gastos do governo, mais dívida pública e mais regulamentação. O funcionamento interno do sistema atual leva a mais impostos e mais contribuições. A dívida pública continuará aumentando. O ponto final do sistema existente de democracia partidária, do Estado de bem-estar social e do capitalismo de Estado não é estabilidade, riqueza e liberdade, mas falência, miséria e supressão. Sem uma mudança para uma ordem libertária de uma sociedade sem estado, o caminho leva a um sistema em que as novas tecnologias se tornarão instrumentos mortíferos de controle estatal abrangente nas mãos de um regime totalitário.

Para evitar um novo totalitarismo, a resposta é mais capitalismo e menos política. Tal ordem libertária acabaria com a política partidária através de um sistema chamado 'demarquia' ou política por sorteio, que tem o corpo legislativo selecionado aleatoriamente. Um sistema político livre da política partidária, juntamente com a introdução de uma ordem monetária baseada no mercado e a provisão privada de lei e segurança, minimizaria e finalmente aboliria o Estado como uma organização monopolista de dominação. Uma ordem anarco-capitalista abriria o caminho para as novas tecnologias. Estas novas tecnologias permitem de parar a avalanche de políticas e regulamentações públicas e, assim, vão eliminar o atual sistema que é ineficiente, corrupto, injusto e, em sua essência, antidemocrático.

***

Um capitalismo livre incorporado em um Estado mínimo e uma ordem social livre é o sistema econômico apropriado para o novo milênio. O capitalismo não se tornará melhor se se for mais parecido com o socialismo. Para ganhar prosperidade, o capitalismo deve se tornar mais capitalista. Não há alternativa racional ao capitalismo livre. Aquelas nações que rejeitam a ordem libertária de um capitalismo livre primeiro estagnarão, depois declinarão e finalmente desaparecerão em destituição e servidão, enquanto aquelas comunidades que recebem e promovem o capitalismo livre gozarão de prosperidade em liberdade.

Nenhuma economia complexa pode prosperar sob as restrições das regras morais tribais. Guiado por princípios obsoletos - como a justiça social - a economia se torna frágil e menos produtiva. No entanto, em vez de mudar o atual sistema econômico em direção a mais capitalismo, o inverso está ocorrendo. O capitalismo se tornou mais administrativo. Estamos marchando em direção ao socialismo e o preço que devemos pagar por esse erro está crescendo.

O moderno Estado administrativo é ativo em todos os setores da economia e da sociedade. O dinheiro está nas mãos do estado. Como tal, o Estado participa em cada transação monetária. O setor público está presente na forma de tributação, e o governo desempenha o papel de agente econômico com gastos, particularmente em áreas como militar, saúde, pensão e educação. O Estado intervencionista tomou conta da economia.

No entanto, as próprias políticas econômicas do governo provocam muitos dos males que supostamente curam. Em vez de suavizar o ciclo econômico para estabilizar a economia e fortalecer os fatores que provocam o crescimento econômico, o impacto da política monetária e fiscal enfraquecem e desestabilizam a economia. Os formuladores de políticas econômicas ignoram que as flutuações das atividades econômicas são naturais e indispensáveis, pois mostram aos empreendedores que há distorções na estrutura de capital e que, portanto, a gestão de negócios deve alterar alocações incorretas. As políticas de estímulo econômico suprimem os sinais de crise. No entanto, essas indicações - como a taxa de juros - são importantes para informar sobre como a economia funciona e são necessárias para incentivar as empresas a mudar projetos inadequados no devido tempo. Quando os preços, salários e taxas de juros não mais servem como indicadores econômicos confiáveis, os mecanismos de ajuste do mercado se tornam distorcidos e os operadores econômicos continuam a cometer erros. Distorções se espalharam por toda a economia e quanto mais intensa a intervenção do Estado funcionou, mais difícil se torna alterar a estrutura de produção. O boom artificial que os governos instigaram se torna o prelúdio do próximo colapso.

Uma política hiperativa prolongou e aprofundou a crise durante a Grande Depressão dos anos 1930. Estímulos fiscais e monetários maciços não tiraram o Japão de sua estagnação, que aflige este país desde os anos 90. Após a eclosão da crise de 2008, governos e bancos centrais dos Estados Unidos e da Europa têm trabalhado para "impulsionar" suas economias. Os governos e os banqueiros centrais afirmam que ao expandir os gastos do governo e pela manipulação das taxas de juros se evita uma nova depressão. Ainda há a prometida grande recuperação econômica que não se tornou realidade. Mas em vez de uma "recuperação", a próxima queda profunda já está na espera.

Antony P. Mueller

Guiado pelas ideias falsas que os meios de comunicação disseminam e que fazem parte dos currículos das escolas e universidades, o governo se tornou um supressor da criação de riqueza. A discussão pública do crescimento econômico é repleta de mitos, que estimulam o público como 'limites de crescimento'. No entanto, o crescimento da economia de mercado difere do crescimento da natureza. O crescimento econômico não significa mais dos mesmos bens, mas significa novos bens, uma ampla variedade de produtos e produtos menos caros. Nós comemos, quando nos tornamos mais prósperos, não porções duplas, mas a variedade de alimentos e a praticabilidade da preparação dos alimentos melhoram à medida que nos tornamos mais ricos. A essência da criação de riqueza no capitalismo é o progresso tecnológico. A produção de livros e revistas não exige mais a derrubada de árvores, mas por causa do progresso tecnológico, podemos carregar bibliotecas inteiras conosco em um pen drive. O progresso tecnológico torna não só as coisas mais baratas, mas barateiam também o uso de recursos.

É hora de abandonar os mitos sobre o estado, a política e a economia. O moderno sistema político-partidário não é nem democrático nem benéfico para o povo. Os parlamentos não são representativos do povo. O atual sistema monetário internacional não promove a prosperidade. Para sair desses enigmas, mais Estado e mais política não ajudarão. Precisamos de uma sociedade livre e de uma economia livre. Um passo decisivo para alcançar esse objetivo é acabar com as eleições políticas. A tecnologia moderna permite a escolha de representantes por seleção aleatória. Uma assembleia legislativa cujos membros tomam posse por sorteio, mesmo que maior que os atuais parlamentos, custaria menos que um sistema eleitoral, seria mais representativa e, nesse sentido, seria muito mais democrática. Com o tempo de serviço limitado, os representantes retornariam à sua vida civil e sua legislação estaria livre dos males que acompanham o atual sistema de partidos políticos e seus políticos, cujo objetivo principal é o carreirismo.

***

A política é um obstáculo para a criação de riqueza. Sob o sistema político da moderna democracia partidária, só existe um tipo falsificado de capitalismo. O governo da democracia partidária destrói a economia de livre mercado. Para chegar a um capitalismo desenfreado e para criar uma autêntica economia de mercado, é necessário abolir a política. Quanto menos espaço houver para a política e menos houver ação do governo, mais rápido surgirá um capitalismo livre. Tal mudança se tornou uma necessidade porque precisamos de um sistema econômico de alta produtividade

Um passo no caminho para uma sociedade livre seria, em primeiro lugar, estabelecer uma democracia verdadeiramente representativa ao selecionar aleatoriamente os delegados do povo. Essa 'democracia aleatória' estabeleceria as condições para uma nova legislação além dos interesses especiais que dominam uma democracia baseada em eleições. Um corpo de legisladores não-políticos selecionados aleatoriamente representaria o povo. Usar dinheiro público para comprar votos e servir grupos de interesse especiais para promover carreiras políticas desapareceria. Embora a lógica do atual sistema de eleições políticas endosse os gastos do governo e mais dívidas públicas e impostos, um parlamento selecionado aleatoriamente acabaria com o uso de dinheiro público para a compra de votos. O papel do Estado diminuiria junto com o papel da política.

Um passo adicional em direção ao capitalismo livre seria acabar com o banco central e acabar com o monopólio monetário do Estado. Um sistema monetário privado restringiria a latitude do Estado para gastar. Acabar com um banco central e estabelecer um sistema monetário livre reduziria o crescimento da dívida pública. O sistema de governança dos partidos políticos permite o engano, segundo o qual cada cidadão poderia viver da generosidade do Estado se apenas o partido certo ganhasse a eleição. Um sistema monetário desmascararia essa fraude. Sob o *'free banking'* o Estado perde seu monopólio sobre a moeda. O papel da moeda nacional como única 'moeda legal' desapareceria.

A revolução libertária não consiste em uma revolução violenta, mas vem através do insight. Essa revolução requer uma abordagem experimental. A vitória do anarco-liberalismo não requer mártires. Um capitalismo livre surgirá como o sistema econômico com a maior produtividade quando as algemas do Estado moderno caírem.

Para alguns, o ponto de virada para um verdadeiro capitalismo pode parecer utópico. No entanto, essa objeção foi válida para todas as inovações políticas. Os antigos gregos estavam falando sobre democracia, mas não podiam imaginar uma sociedade sem escravidão. Os romanos acharam impossível governar sem a pena capital. A monarquia era sagrada para o povo da Idade Média. Assim como essas crenças do passado desapareceram, os credos políticos de hoje de que uma sociedade precisa de partidos políticos, dinheiro do Estado, administração do Estado e um monopólio público sobre a aplicação da força para garantir a justiça e a segurança também desaparecerão.

***

O processo de substituição do trabalho por máquinas entra em setores que pareciam estar isentos de automatização e robotização. As novas tecnologias transformarão lei, medicina, educação, consultoria, administração de empresas e o serviço público. Obter um seguro posto de trabalho é uma coisa do passado. As medidas convencionais do Estado de bem-estar não funcionam mais. Dois tipos de resposta emergiram para este desafio: mais socialismo ou mais capitalismo.

Continuando como era no passado e praticar cada vez mais socialismo pioraria a situação. A resposta aos desafios futuros é abolir a política e o estado. Selecionar os legisladores por meio de sorteio, o fim do monopólio estatal do dinheiro e a privatização do sistema de justiça e de segurança são os principais passos a serem dados. Na medida em que o capitalismo livre floresceria, os custos de vida cairiam, os salários aumentariam, a renda aumentaria e os fardos da tributação e da burocracia desapareceriam. A necessidade de ter um emprego permanente e um salário estável, tão urgente sob o sistema atual, desapareceria. O anarco-capitalismo, por causa da sua enorme produtividade, nos levaria um grande passo em frente com mais prosperidade e liberdade.

Uma revolução libertária e uma ordem anarco-capitalista se tornaram possíveis porque as novas tecnologias, com a Internet em seu centro, minam a capacidade do antigo regime de manter sua influência sobre a opinião pública. O controle da mente pelo Estado moderno enfrenta o obstáculo de que o custo para engendrar a opinião pública supere sua eficácia. Novas fontes alternativas de conhecimento competem com o privilégio informacional do governo. A voz do governo se tornou uma entre muitas.

A necessidade de uma ordem anarco-capitalista não é apenas uma questão do bem-estar material. Se continuarmos com o atual sistema de governança, o Estado crescerá cada vez mais e se tornará mais totalitário. Nas mãos de tal regime, as novas tecnologias se transformam em armas mortais contra a liberdade individual.

A fim de preservar e expandir a prosperidade e a liberdade, estabelecer um sistema libertário de governança tornou-se uma questão de sobrevivência humana.

***

Nós estamos num cruzamento. Como as décadas de antes e depois de 1800, quando a revolução industrial decolou, as nações que não reconheceram os sinais do tempo e ficaram para trás. Os países, que atrasaram ou perderam a industrialização, sofreram a perda de prosperidade até nossos dias atuais. Hoje, o mundo enfrenta um desafio semelhante. Mais uma vez, devemos escolher e tomar uma decisão. Desta vez é sobre mais ou menos capitalismo. Menos capitalismo levará ao socialismo - quer se queira ou não - e, portanto, à miséria associada a tal regime. O caminho certo para o século 21 é a escolha em favor do capitalismo livre. O futuro pertence àqueles países que escolhem o capitalismo livre do Estado e da política como seu sistema de governo.

O triunfo do capitalismo real implica a autolibertação de acordo com a qual o indivíduo se encontra, torna-se seu, e se livra das falsas dependências e deveres enganosos. Essa nova ordem só pode surgir por meio de ação voluntária da qual deriva sua legitimação.

I.

ESCAPAR DOS CALABOUÇOS DE IDEOLOGIAS ERRADAS

I. Escapar dos calabouços de ideologias erradas
- *Na busca de boa governança*
- *A ordem do anarquismo*
- *Positivismo*
- *Keynesianismo*
- *Desenvolvimentismo*

> *"Todo mundo carrega uma parte da sociedade em seus ombros; ninguém está isento de sua parcela de responsabilidade pelos outros. E ninguém pode encontrar uma saída segura para si mesmo se a sociedade estiver se aproximando da destruição. Portanto, todos, em seus próprios interesses, devem se lançar vigorosamente na batalha intelectual. Ninguém pode ficar de lado com indiferença; o interesse de todos depende do resultado. Quer ele escolha ou não, todo homem é atraído para a grande luta histórica, a batalha decisiva em que nossa época nos mergulhou".*
>
> Ludwig von Mises:
> Die Gemeinwirtschaft (1922)
> Socialism - An Economic and Sociological Analysis

O tema da "boa governança" e, mais geral, a pergunta sobre a "boa sociedade" e a "ordem econômico-social", apresenta-se novamente a cada época novamente. As mudanças tecnológicas mudam a economia e a sociedade. Cada era está confrontada novamente com provocações específicas. Cada época precisa reformular a resposta para a questão: o que é necessário para se aproximar de uma boa sociedade? Para se manter no tempo, cada sociedade precisa resolver o conflito entre as vontades e interesses dos indivíduos e as vantagens de viver juntos numa sociedade e abandonar um individualismo isolado. Trata-se de inventar e reinventar novamente o *modus vivendi* social. Desta forma, se estabelece o problema essencial da ordem socioeconômica e para a sua solução é necessário levar em consideração não somente a natureza espontânea que se manifesta na expressão da natureza crua do ser humano, mas também o ideal humano como uma meta ideal e como ponto de orientação. Ordem na tradição europeia, desde os gregos antigos, significa a busca da ordem que seja adequada para o homem como animal político e, assim, para o ser humano como indivíduo que gosta e precisa da sociedade.

A ideia original da ordem, como já foi formulada na antiga filosofia, reside no fato que em relação ao mundo social, o espírito investigativo do homem não busca somente o conhecimento sobre a realidade, mas também sistemas ideais ou normativos. Neste sentido, a busca está orientada para uma ordem conforme a natureza humana.

Antony P. Mueller

Na busca da boa governança

Aristóteles (384 a.C.-322 a.C.) insistiu na diferença entre *cosmos* e *taxis*, onde 'cosmos' representa a ordem natural enquanto 'taxis' representa o sistema produzido pela intervenção humana. Semelhantemente, Tomás de Aquino (1225-1274) separa a lei natural da lei positiva e o economista francês François Quesnay (1694-1774), autor de *"Tableaux economique"*, aplica a diferença entre a *ordre positif* e a *ordre naturel* em sua obra fundadora da fisiocracia. Adam Smith (1723-1790) usa quase a mesma dicotomia para identificar a ordem natural como a ordem comercial e caracteriza a sociedade comercial como o resultado natural do laissez faire sob a regência da mão invisível. Carl Menger (1840-1921), o fundador da escola austríaca, formulou a lei das instituições como resultado da ação humana sem plano e sem intenção, e Friedrich Hayek (1899-1992), da mesma escola, desenvolveu a teoria econômica constitucional, enquanto Walter Eucken (1891-1950) elaborou a ordo-teoria econômica moderna como programa do ordo-liberalismo que preparou a base teórica para estabelecer o sistema da economia de mercado social na Alemanha ocidental do pós-guerra.

O lado oposto desta batalha intelectual é a ideia de tratar a sociedade como organização. Esta tese tem sua origem moderna no positivismo de Auguste Comte (1798-1857). O que Auguste Comte era para filosofia e sociologia, Simonde de Sismondi (1773-1842) era para economia. Ele tem sido a fonte das modernas ideias socialistas e o promotor do planejamento estatal. Ele é o autor original para apresentar as teses da superprodução capitalista, o conflito de classes e a crítica do progresso tecnológico.

Hoje em dia, O grande dilema é que a política atua como se a sociedade fosse uma organização e como se fosse possível governá-la por comando num sistema hierárquico na tradição de Comte de Simondi.

Enquanto o intervencionismo recebe aceitação popular, ele está confrontado com o problema que a política econômica intervencionista pontual provoca: confusão e bloqueio. O resultado não é mais ordem, mas mais confusão e finalmente uma carga excessiva de dívidas fiscais e uma paralisia da atividade econômica e o declínio da produtividade.

O intervencionismo moderno em sua atuação irritante e caótica destrói os fundamentos da produtividade e a coesão social. A hiperatividade governamental nervosa produz uma economia que sofre de insuficiente formação de capital e anda de uma crise à outra. O que Ludwig von Mises (1881-1973) diagnosticou para a primeira metade do século passado é hoje uma realidade indisputável: o sistema econômico de intervencionismo é insustentável porque inerentemente cada intervenção provoca uma nova intervenção e assim produz cada vez mais desordem e calamidades fiscais.

O programa de boa governança acentua a necessidade de colocar as atividades governamentais e especificamente a política econômica no contexto do sistema inteiro, e assim implica a necessidade de um modelo normativo.

No campo da política econômica, estamos hoje em um uma situação similar a política estatal antes da introdução do *rule of law* que substituiu o sistema de privilégios particulares e a intervenção *ad hoc* dos princípios constitucionais. Como a luta pelo constitucionalismo jurídico, a luta pelo constitucionalismo econômico está confrontada com fortes preconceitos e descrença. Não se deve esquecer que apenas alguns séculos atrás pareciam impossível a subordinação de poderes políticos na constituição ou que haveria uma separação entre Estado e religião. Não obstante, o que é dado quase sem discussão no campo jurídico hoje em dia, falta ainda completamente na esfera econômica. Aqui ainda não existe a separação de economia e Estado. Ao contrário, durante o século 20, o intervencionismo político na economia aumentou implacavelmente.

Para obter boa governança não é suficiente tornar o governo mais eficiente, transparente, participativo e livre de corrupção, como é o projeto dos grandes promotores deste conceito, como o Banco Mundial. Para obter uma ordem econômica onde espontaneamente surja como a boa governança é necessária como pré-condição uma separação do Estado e da economia. Neste caminho, o primeiro passo estaria a desnacionalização da moeda, ou, mais precisamente, a sua desestatização.

O Estado intervencionista de bem-estar social é incapaz de produzir boa governança. Este sistema não pode ser qualificado como ordem. O Estado intervencionista do bem-estar social é inerentemente expansivo e com o seu crescimento produz cada vez mais desordem. Para avançar no caminho de que estabelece um sistema de ordem se precisa minimizar a esfera política.

O capitalismo de hoje não é um capitalismo liberal, o que realmente existe é um capitalismo burocrático que está sob forte controle e regulamentação dos governos dos Estados nacionais. A característica fundamental deste sistema é um intervencionismo caótico e desordenado – com uma legitimidade precária baseada no sistema redistributivo do Estado de bem-estar social e da democracia das massas. O que existe é um sistema altamente precário, um sistema que está sempre em perigo de colapso. Cada crise provoca mais intervenções, produz mais burocracia e mais regulação, mais gastos do setor público e uma carga tributária cada vez maior.

Antony P. Mueller

A ordem do anarquismo

O debate sobre a ordem socioeconômica está caracterizado por um discurso superficial, distorcido e quase sempre polêmico. Uma causa desta situação é que a discussão é monopolizada pelos políticos e os seus aparatos de propaganda. A característica predominante neste discurso público é o uso de conceitos que perderam a sua significação para atual situação – como, por exemplo, "esquerda" e "direita" para definir a orientação de partidos políticos e mesmo de pessoas.

Nos Estados Unidos se usa o termo *"liberalism"* com um significado completamente oposto do seu sentido original e contra sua raiz etimológica e em vez de trazer o significado de laissez-faire, é usado para designar o intervencionismo redistributivo e controlador. Igualmente distorcido está o uso dos conceitos "neoliberalismo", "capitalismo" e, entre muitos outros, também "globalização" na América Latina, onde essas palavras são aplicadas para tornar estes conceitos abstratos em fantasma com atributos de uma atuação própria.

A história intelectual do tema da ordem socioeconômica tem raízes antigas. Aristóteles já notou as diferenças entre *cosmos* e *taxis*, com cosmos representando a ordem natural enquanto *taxis* representa o sistema produzida pela intervenção humana. Semelhantemente, Tomas Aquino, na Idade Média, separa a lei natural da lei positiva e François Quesnay, no começo do tempo moderno, aplica a diferença entre a *ordre positif* e a *odre naturel* em sua obra sobre a economia. Adam Smith usa quase a mesma dicotomia em identificar a ordem natural como a sociedade comercial e em identificar o resultado de *laissez faire* com a regência da mão invisível. Carl Menger, o fundador da Escola Austríaca, formulou a lei das instituições como resultadas da ação humana sem plano e sem intenção, e Friedrich Hayek, da mesma escola, desenvolveu a teoria economia constitucional (*constitutional economics*), surgindo da ordem espontânea, enquanto Walter Eucken, um do autores dos fundamentos teóricos do milagre econômico da pós-guerra na Alemanha, elaborou a ordo-teoria econômica moderna como programa de pesquisa para guiar a política econômica.

O conceito de "ordem" nesta tradição, como em ordem natural, significa um sistema evolutivo e dinâmico. Ordem implica graus de variabilidade com relações flexíveis. A ordem da ação humana na sociedade existe em um processo continuo de percepção, interação e correção. Exemplos de ordem neste sentido se encontram nas origens da língua e da moeda.

O anarquismo é uma ordem neste sentido.

"Anarquismo" não significa "sem ordem", mas sim "sem líder". No conceito de origem grega, o "an" (ἀν) significa "sem" e o "arquismo" chega da palavra 'archos' (ἀρχός) que significa "líder". Anarquismo também não significa sem sociedade. Ao contrário. Menos uma associação de pessoas é sem líder, mais importante se torna a comunidade.

Filosoficamente o anarquismo possui uma imensa variedade de teorias. "O Anarquismo" como teoria singular não existe. O "anarco-capitalismo" é uma expressão específica que faz parte no conjunto do anarquismo no sentido genérico que ponta a uma economia capitalista sem liderança pelo Estado e da política.

Diferente da "ordem", uma "organização" está baseada em estruturas de comando. Organização tem uma estrutura sistêmica e hierárquica (empresa, família paternalística). Organização tem metas específicas (e.g. lucro da empresa, ganhar o poder para partidos políticos). As regras de uma organização estão explicita as regras da ordem implícita (burocracia versos mercado).

O positivismo de Auguste Comte representa um modelo de "organizar" o progresso da "humanidade". Hoje em dia, este projeto se manifesta na gestão macroeconômica (do tipo Keynes/Samuelson), e nas esforças de expandir o Estado de bem-estar. A sua expressão mais aguda de um sistema de controle se encontra no planejamento central e na economia da guerra.

A diferencia fundamental nos conceitos de comunidades políticas é sua constituição como 'ordem' ou como 'organização'. Nesta categorização cai a oposição entre anarquismo e estatismo. Enquanto o estatismo tem como subcategorias o socialismo de Estado, o fascismo e a socialdemocracia, na categoria da ordem do anarquismo caiem o anarquismo capitalista e o anarquismo comunitária.

Tipologia de governanças

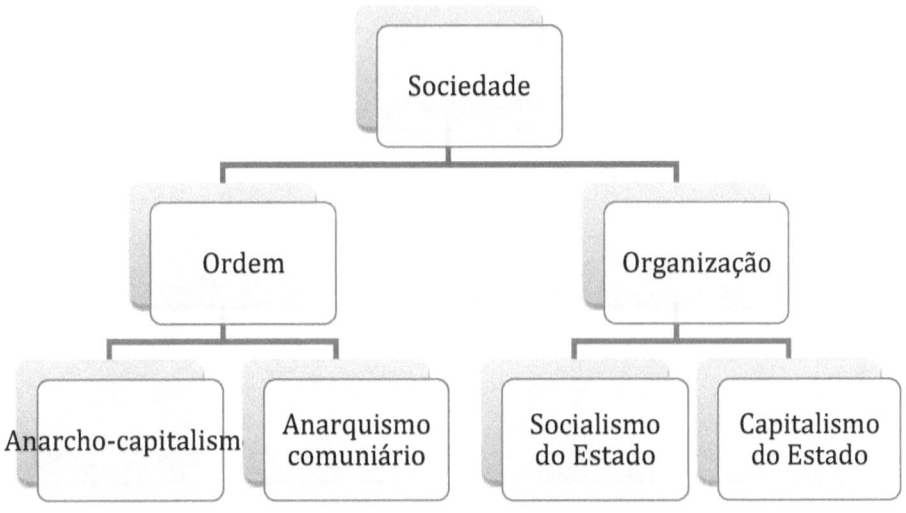

Em termos de 'sistemas econômicos' a classificação mostra a distinção entre capitalismo de Estado e socialismo de Estado contra anarco-capitalismo e anarco-socialismo (comunitarismo).

Sistemas econômicos

Positivismo

"Ordem e Progresso" tem sido o lema da bandeira brasileira desde que o país se tornou uma república em 1889. As palavras foram tiradas diretamente dos escritos de Auguste Comte. As ideias de Comte foram adotadas no século XIX pelas elites militares e políticas de grande parte da América Latina, e do Brasil em particular.

Desde então, o espírito de Auguste Comte tem assombrado o subcontinente, e as consequências práticas dessa ideologia têm sido desastrosas.

O positivismo de Comte é melhor descrito como sendo uma ideologia de engenharia social. Auguste Comte (1798-1857) acreditava que após o estágio teológico e o estágio metafísico, a humanidade iria entrar no estágio principal, o "positivismo", que para ele significava que a sociedade como um todo deveria ser organizada de acordo com conhecimentos científicos.

Comte acreditava que todas as ciências deveriam ser modeladas de acordo com os ideais da física, e que uma nova ciência chamada *física social* iria surgir no topo da hierarquia intelectual. Essa disciplina iria descobrir as leis sociais que então poderiam ser utilizadas por uma elite para reformar a sociedade como um todo. Da mesma maneira que a medicina extermina doenças, a física social teria que ser aplicada com o intuito de acabar com os malefícios sociais.

O ideal de Comte era uma nova "religião da humanidade". Na sua concepção, as pessoas precisam ser iludidas a crer como autênticas todas as ações que serão instigadas pelos soberanos e seus ajudantes, sendo que estes por sua vez servem aos mais altos ideais da humanidade. Revisando as ideias de Auguste Comte, John Stuart Mill escreveu no seu ensaio sobre a liberdade que essa filosofia política intenciona estabelecer ". . . um despotismo da sociedade sobre o indivíduo que sobrepuja tudo o que já foi contemplado no ideário político dos mais rígidos disciplinadores dentre os antigos filósofos". Já Ludwig von Mises observou que "Comte pode ser desculpado, já que era louco no completo sentido com que a patologia emprega este vocábulo. Mas como desculpar os seus seguidores?"

O misticismo racionalista que acometeu Comte quando este já estava mentalmente doente no final de sua vida pedia a criação de uma "igreja positivista", na qual — imitando os rituais da Igreja Católica — o "culto à humanidade" poderia ser praticado. Ao fim do século XIX, "sociedades positivistas" começaram a se espalhar pelo Brasil, e uma igreja real foi construída no Rio de Janeiro como o lugar onde a adoração dos ideais da humanidade pudesse ser praticada como uma religião.

Até os dias atuais, o sistema brasileiro de ensino superior ainda carrega marcas do positivismo de Comte, e ainda mais forte é a influência da filosofia política positivista entre as altas patentes militares e entre os tecnocratas. O positivismo diz que a linguagem científica é a marca registrada da modernidade, e que para efetuar o progresso é preciso haver uma classe especial — militar ou tecnocrática — de pessoas que conheçam as leis da sociedade, e que sejam capazes de estabelecer a ordem e promover esse progresso.

A ideologia predominante de grande parte da elite regente contrasta agudamente com as tradições seguidas pelas pessoas comuns. Como na maioria da América Latina, a cultura popular brasileira é marcada profundamente pela tradição católico-escolástica, com seu ceticismo em relação à modernidade e ao progresso e com sua orientação mais espiritual e religiosa, que rejeita o conceito linear do tempo — o tempo sendo um movimento progressivo — em favor de uma visão circular e eterna da vida.

Onde as ideias de Comte mostraram seu maior impacto foi na política econômica. Dado que os militares tiveram um papel central na vida política brasileira e dado que o positivismo havia se tornado o principal paradigma filosófico das escolas militares, a política econômica do Brasil foi marcada por um frenesi intervencionista que afetou e ainda afeta todos os aspectos da vida dos cidadãos.

A ideia do planejamento central para se atingir a modernidade transformou o Brasil em um ambiente fértil para o intervencionismo econômico, sendo que cada novo governo sempre promete o grande salto para frente. Ao invés de remover os obstáculos que impedem o desenvolvimento da iniciativa privada e garantir direitos de propriedade confiáveis, todos os governos presumem ser sua função desenvolver o país através da concessão de privilégios para um pequeno grupo de empresas já existentes.

Desde que se tornou uma república, não houve um só governo brasileiro que não tenha criado um plano extenso e abrangente, ou um emaranhado de pacotes, com o propósito de levar ao desenvolvimento. Seguindo a agenda positivista, criar planos de natureza aparentemente científica e utilizar a força do estado para aplicá-los se tornou a marca registrada da política econômica brasileira. Frequentemente, todos esses planos são primeiramente elaborados em um dos poucos centros universitários do país para, então, passarem a formar a agenda de cada novo governo, que geralmente convoca um time de jovens tecnocratas para implementá-los.

Particularmente pomposos quando os governos militares estavam no comando — como ocorreu nos anos 1930 e 1940, e de 1964 até 1984 —, a invenção e implementação de grandes planos continua até os dias atuais. Independentemente de qual coalizão partidária está no comando, o espírito do positivismo tem sido compartilhado por todos os governos, desde o primeiro até o atual, que aparentemente está praticando uma política econômica que se convencionou chamar de "neoliberal".

Mesmo se contarmos apenas os planos mais importantes, a frequência com que eles se sucederam pelo período de quase um século é espantosa: após seguir o modelo de industrialização por substituição de importações sob o semifascista *Estado Novo*, dos anos 1930 aos anos 1940, o Brasil teve o *Plano de Metas* na década de 50 e depois o *Plano Trienal* de desenvolvimento econômico e social. Na década de 70 vieram as séries de Planos de Desenvolvimento Nacional. A década de 80 trouxe o *Plano Cruzado*, o *Plano Bresser* e o *Plano Verão*. A década de 90 começou com o *Plano Collor I*, que foi seguido pelo *Plano Collor II*, que foi seguido pelo *Plano de Ação Imediata* que, por fim, culminou no *Plano Real* em 1994. O último grande plano da longa série de planos fracassados é o Plano de Aceleração do Crescimento (PAC) do ano de 2007, um plano que preparou a Grande Crise em que desceu desde 2011.

A se julgar pelos seus objetivos declarados, todos esses planos falharam. Durante as últimas seis décadas, o Brasil teve oito diferentes moedas, cada uma com um novo nome, e uma taxa de inflação que sugere que a moeda atual equivaleria a um trilhão de Cruzeiros, a moeda de 1942. Sob uma falsa aparência de modernidade, a mesma rede clientelista formada pelos "donos do Poder" continua a mandar no país. Com o passar do tempo, essa classe atingiu um nível tão grande de privilégios que, comparados ao restante da população, são similares àqueles desfrutados pela *nomenclatura* na União Soviética. Com isso, esse restante da população teve que se virar e recorrer a algumas peculiares — chamados de *jeitinho* para poder sobreviver à sua maneira.

Dentro do sistema positivista, linguagem científica e intervencionismo andam de mãos dadas. A suposta racionalidade do intervencionismo se apoia na premissa de que é possível se saber antecipadamente o resultado específico de uma medida de política econômica. Por conseguinte, quando as coisas saem diferente do esperado - e elas sempre saem - mais intervenção e mais controle são outorgados. O resultado é que os governos são esmagados pelas suas próprias pretensões e humilhados por seus retumbantes fracassos.

O Brasil, que é tão abençoado pela natureza e que tem uma população de grande espírito empreendedor — o que faz com que o país tenha uma das mais altas taxas de auto emprego no mundo —, tem permanecido atrasado por causa de uma ideologia corrompida. Até os dias atuais, todos os governos brasileiros se empenharam ao máximo em absorver todos os recursos do país com o intuito de perseguir suas fantasias de modernidade e progresso (é claro que, nesse caso, "modernidade" e "progresso" são conceitos definidos pelo governo, e não pela população). Devido a isso, toda a criatividade espontânea que é inerente ao livre mercado acaba sendo bloqueada.

O Brasil teria seu lugar de destaque garantido se o espírito que tem assombrado esse país fosse proscrito em favor de uma ordem, no verdadeiro sentido da palavra:

isto é, um sistema de regras confiáveis baseado nos princípios do direito de propriedade, da responsabilidade individual e do livre mercado.

Keynesianismo

Todos os caminhos keynesianos levam à estagflação. Foi assim na Europa e nos EUA na década de 1970, quando tanto a estagnação econômica quanto a inflação de preços atingiram suas economias ao mesmo tempo. Atualmente, esse é o caso do Brasil.

Desde que chegou ao poder, em 2003, o governo trabalhista brasileiro se dedicou, religiosamente, a implantar a doutrina econômica do crescimento por meio do consumismo. Porém, mais uma vez, as políticas keynesianas levaram à estagflação. A realidade finalmente se impôs. A ilusão da riqueza fácil foi despedaçada. O arsenal keynesiano, que parecia tão eficiente em criar milagres, se tornou impotente. No entanto, com o endividamento das famílias em níveis recordes, com os cofres do governo vazios e com a inflação de preços em alta, as políticas de expansão do crédito e déficits orçamentários do governo se exauriram.

As condições externas favoráveis, como o forte crescimento da China e a alta demanda por commodities, beneficiaram a economia brasileira durante a presidência de Luiz Inácio Lula da Silva. Esses fatores externos em conjunto com maciços estímulos internos aceleraram o crescimento econômico. Contudo, com o fim do boom das commodities e a desaceleração do crescimento econômico da China, os fatores externos não mais podem ajudar. Para piorar, o consumo interno da população estagnou à medida que seu endividamento — assim como o do governo — aparentemente chegou ao limite.

No início de 2015, finalmente tornou-se óbvio que o país havia vivido em um mundo ilusório sob a batuta do Partido dos Trabalhadores durante os últimos doze anos. Olhando retroativamente, hoje parece piada o fato de o Presidente, certa vez, ter anunciado que a economia brasileira estava prestes a ultrapassar a do Reino Unido e que, dali em diante, continuaria ultrapassando as outras principais economias do mundo.

Quando foi anunciado, em 2007, que o Brasil iria sediar a Copa do Mundo de 2014, e também quando, em 2009, foi anunciado que o Comitê Olímpico escolhera o Rio de Janeiro como sede das Olimpíadas de 2016, parecia que o tão desejado reconhecimento internacional para as façanhas do presidente havia finalmente sido alcançado. O júbilo interno foi igualado pela exuberância externa, e todos falavam sobre como Lula da Silva levaria o Brasil para o século 21.

Assim como muitos brasileiros não queriam enxergar a realidade, os observadores externos também fizeram vista grossa para o fato de que o Partido dos Trabalhadores estava simplesmente praticando uma das formas mais grosseiras de keynesianismo.

O keynesianismo brasileiro é de um tipo que vem profundamente misturado com o marxismo do economista polonês Michal Kalecki (1899-1970). Na Europa e nos EUA, ainda há resíduos de um pensamento econômico sólido, o qual conseguiu sobreviver aos ataques do keynesianismo e Kalecki nunca ganhou raízes. No Brasil, no entanto, houve uma vitória quase completa do modelo 'keynesianiano-kaleckiano', que logrou jogar a maioria das outras escolas de pensamento econômico no limbo. Até hoje, Kalecki ainda é tido em alta estima por algumas das mais proeminentes universidades brasileiras.

A corrente de keynesianismo que Kalecki desenvolveu na década de 1930 se transformou no principal paradigma das políticas econômicas no Brasil, não obstante o fato de que esse tipo de macroeconomia carece de fundamentos micro e é totalmente vaga em termos de conteúdo realista.

A corrente kaleckiana de keynesianismo leva a sério os símbolos da literatura macroeconômica convencional e, ao manipulá-los de acordo com as regras básicas da álgebra, o modelo chega à conclusão de que "os trabalhadores gastam o que ganham" ao passo que "os capitalistas ganham o que gastam" (foi assim que essa teoria foi resumida por Nicholas Kaldor).

Kalecki e seus seguidores marxistas consequentemente decidiram que, quando o Estado assume a função do capitalista, os gastos do governo se tornam capazes de enriquecer o país ao mesmo tempo em que garantem que os trabalhadores recebam sua fatia justa na condição de consumidores. Ainda mais do que Keynes, o evangelho de Kalecki pregava que seus seguidores eram capazes de transformar pedras em pães. Os gastos do governo, em qualquer área e com qualquer propósito, em conjunto com o consumismo em massa seriam o caminho mais prazeroso para a prosperidade.

Essa promessa tem sido o norte das políticas econômicas do governo do PT ao longo da última década.

Durante a maior parte dos dois mandatos presidenciais de Lula, de 2003 a 2010, a receita kaleckiana pareceu funcionar. Sob o comando do ex-líder sindical, o governo brasileiro gastou, os consumidores consumiram, e a economia cresce. Ao mesmo tempo, em decorrência de conjunturas externas, a taxa de câmbio se apreciou, o que garantiu que a inflação de preços permanecesse contida não obstante toda a expansão do crédito e todo o consumismo. A taxa de desemprego caiu.

Não é de se estranhar, portanto, que Lula tenha usufruído uma imensa popularidade durante seus dois mandatos, e que o PT tenha conseguido se manter no poder quando Lula escolheu a dedo sua sucessora, que venceu as eleições em 2010 e 2014.

Dilma Rousseff, no entanto, uma burocrata de carreira e uma guerreira urbana durante a ditadura militar, teve enormes dificuldades para se reeleger. Logo no início do seu segundo mandato, nuvens escuras começaram a ofuscar o ainda flagrante otimismo do partido. Em 2011, seu primeiro ano de governo, a taxa de crescimento econômico começou a desacelerar. O governo, entretanto, foi rápido em alegar que tudo não passava de um soluço passageiro. Porém, quando a taxa de crescimento continuou caindo em 2012, o governo começou a entrar em pânico. Aquilo simplesmente não constava em seus modelos.

Em 2014, com as eleições no final do ano, o governo fez exatamente aquilo que a receita kaleckiana-keynesiana prescreve, e acelerou ainda mais suas políticas expansionistas. Isso pode ter lhe garantido a reeleição, mas o preço veio logo em seguida, e está sendo alto.

No início de 2015, o desencantamento veio com tudo. As pessoas, principalmente seus eleitores, se sentiram enganadas pelo falso otimismo e pelas falsas promessas de campanha. Além da inflação de preços que não dá sinais de arrefecimento, os juros estão em ascensão, as tarifas de energia elétrica foram elevadas acentuadamente e o preço da gasolina chegou a níveis recordes — três medidas que Dilma jurou durante sua campanha que não iria tomar.

Para piorar, o escândalo de corrupção começando com a Petrobras em conjunto com uma economia que está rapidamente se deteriorando levaram dois milhões de pessoas às ruas, no dia 15 de março, para protestar contra o governo e pedir o impeachment da presidenta.

Todavia, o que vários manifestantes ainda não entenderam é que o Brasil necessita de muito mais do que uma simples mudança de governo. O país necessita urgentemente de uma mudança de mentalidade. Para encontrar o caminho da prosperidade, o Brasil tem de descartar sua ideologia econômica dominante. O Brasil tem que se livrar de sua tradição de ter governos perdulários e de acreditar que a expansão do crédito resolve todos os problemas. O país não pode continuar imaginando que a participação do Estado — de inspiração marxista — na economia e o protecionismo instituído pela Cepal irão enriquecer o país.

Não há nenhuma circunstância especial no cerne do atual desarranjo econômico; há apenas ideias erradas sobre política econômica.

Para encontrar a saída da atual crise, o Brasil precisa de uma grande dose de liberalização econômica. Menos intervenção estatal e muito mais liberdade de empreender. E, para que isso aconteça, uma mudança de mentalidade é necessária. Os brasileiros devem adotar uma alternativa ao atual capitalismo de Estado. O país tem de abraçar o *laissez-faire* para poder prosperar.

Essa tarefa é tremendamente desafiadora, pois praticamente todos os partidos políticos atualmente representados no Congresso são de esquerda e de extrema-esquerda. Não há nenhum partido genuinamente conservador e nenhum partido autenticamente pró-mercado. Essa situação é mais do peculiar porque, como pesquisas consistentemente mostram, a maioria dos brasileiros se situa no centro-direita em termos de orientação política.

O motivo dessa discrepância jaz no fato de que a esquerda domina o ensino superior, especialmente nas ciências sociais, nas ciências econômicas e no direito. São desses setores que a maioria dos ativistas políticos vem. Quando a ditadura militar acabou, em 1984, o sistema universitário já estava sob controle quase que completo de esquerdistas de todos os tipos. Consequentemente, a vida acadêmica é ideologicamente muito diferente dos costumes do resto da sociedade brasileira. Embora haja bom senso na população brasileira, ela não encontra uma voz por falta de um número suficiente de intelectuais que promovem o liberalismo e anarco-capitalismo.

Felizmente, a evolução intelectual não mais depende exclusivamente da academia. Embora a corrente keynesiano-kaleckiano e do marxismo ainda domine as universidades, um robusto movimento libertário está em ascensão no Brasil. Assim como o proverbial viajante do deserto está à procura de água, vários jovens estão à procura de ideias novas para combater o crescente estatismo que está arruinando a economia brasileira.

No passado, mudanças na mentalidade levavam décadas, até mesmo séculos, para ocorrer. Hoje, com o advento da internet, ideias têm um mercado próprio, e há livre acesso para todos. Será fácil para os brasileiros entenderem que não basta apenas ficar bravo com o atual governo; para prosperar, a solução é transformar o capitalismo de Estado vigente no país em um sistema de livre mercado. Só assim o enriquecimento será contínuo.

Desenvolvimentismo

O desenvolvimentismo com a sua mescla entre marxismo e keynesianismo é um tipo de pensamento que prevalecente nesta região e que atrapalha o progresso econômica na América Latina. A CEPAL, Comissão Econômica para América Latina, teve grande influência depois a segunda guerra mundial para a orientação econômica de América Latina em direção ao planejamento estatal, intervencionismo e keynesianismo vulgar. Os desenvolvimentistas se destacavam, em sua quase completa ignorância, dos aspectos das instituições de ordem econômica. Ignoravam a tradição do liberalismo, no molde do constitucionalismo econômico, e não confrontam o problema como financiar os grandes projetos que tinham os desenvolvimentistas na mente sem provocar inflação. Desordem e dívida e hiperinflação foram as consequências.

O poder faz o homem - não a força dos pensamentos, assim é o caso na América Latina onde só quem está no ou no mínimo bem perto do governo ganha respeito. Celso Furtado (1920-2004) foi uma das figuras mais destacada neste sentido. Suas atividades políticas eram acompanhadas de sua produção intelectual. Suas teorias serviram para ganhar e se manter no poder - não para se destacar como homem intelectual independente. Mais que um economista só, Celso Furtado atuou como economista político.

Furtado ocupou altos cargos no governo e nas organizações internacionais. Foi membro fundador da CEPAL que se tornou em um projeto para promover o planejamento central. Furtado foi responsável pelas bases do modelo de desenvolvimento econômico da Cepal. Em sua terra natal, Furtado foi Ministro de Planejamento no governo de João Goulart; dirigiu o Banco Nacional de Desenvolvimento Econômico e Social (BNDES) e mais tarde, depois de regressar do Exílio se converteu em Ministro de Cultura.

Na sua coleção de ensaios chamada "<u>Longo Amanhecer. Reflexões sobre a formação do Brasil</u>" (1999) Furtado dá uma introdução à doutrina econômica do "desenvolvimentismo". Esta doutrina cepalista do desenvolvimento guiou a política de desenvolvimento em muitos países da América Latina desde a década de 1950. Furtado e sua escola continuam a exercer uma forte influência até nossos dias.

Em reflexão sobre as suas experiências como fundador da CEPAL em 1949, Furtado resume sobre as causas do "subdesenvolvimento" de América Latina. Como um planejamento econômico estatal requer, os primeiros esféricos da época dos Cepalistas apresentaram uma imagem quantitativa de América Latina. Foi promovido a pesquisa quantitativa para obter um instrumento para planejar e dirigir a economia.

Os Cepalistas imaginavam uma situação semelhante de um país devastado por guerra e assim a ideia do desenvolvimento apresentada pela CEPAL determinou que o subdesenvolvimento necessitava de uma reconstrução de um país pós-guerra. A partir dos padrões estabelecidos pela *'planification'* na França, os Cepalistas procuravam uma planificação usando um conjunto de instruções para instalar um sistema centralizado. Diferente do sistema soviético, o CEPAL enfatizou um planejamento que combinava a industrialização com a gestão da demanda agregada para lograr um desenvolvimento rápido.

Furtado, e com ele a CEPAL, transformavam o modelo macroeconômico de Keynes que é explicitamente orientado no curto prazo em um modelo de desenvolvimento de longo prazo. Furtado menciona seu encontro com Oswaldo Aranha, que foi o Ministro de Finanças durante o período de crise dos anos trinta, quando Aranha mencionou seus sentimentos de culpa a respeita do momento quando administrou a queima de milhões de sacos de café, Furtado veio a absolvê-lo. Essa destruição, explica Furtado, deve ser interpretada como exemplo da gestão exitosa da demanda agregada e essa 'maior fogueira do mundo' (Furtado, Longo Amanhecer, p. 74) deve ver-se como uma medida 'anticíclica' necessária.

O grande plano de Furtado para fazer o Brasil mais independente implicava mais autarquia e assim protecionismo. Furtado queria que a economia do Brasil fosse menos 'reflexa' e mais autónoma. Explicando o processo de industrialização no Brasil nas décadas de 1950 e 1960, Celso Furtado acentua o fortalecimento da expansão da demanda interna e da criação de emprego para que os objetivos principais de ganhar desenvolvimento junto com independência fossem cumpridos. Isto explica a perversidade econômica do modelo promovido pelos Cepalistas. Como Furtado mesmo admite, o Brasil tem comprado produtos industriais de segunda, para inibir uma maior produtividade. A preocupação foi que a maior produtividade pudesse atrapalhar o emprego. Com sua negação da produtividade os Cepalistas, com Celso Furtado à frente, iniciaram uma tradição que até agora produz pobreza e salários baixos. Em retrospectiva, Furtado admite que alguns dos grandes fracassos do programa de planejamento do desenvolvimento foi em quase ignorar, completamente, os aspectos financeiros e promover grandes projetos com a ilusão do autofinanciamento de gastos públicos.

O legado cepalista continua até hoje no pensamento econômico sobre o desenvolvimento do país: a falsa ideia que o consumo é produtivo, que o financiamento dos gastos públicos não seja um problema porque eles se multiplicam como renda e consequentemente para uma maior receita orçamentária e - o pior de tudo - que em vez de fortalecer e promover a produtividade bloqueia o progresso econômico para ampliar o emprego.

A consequências deste modelo do desenvolvimento com sua prioridade para os fatos quantitativos em lugar de melhorias de qualidade, junto com o descuido da competitividade e da produtividade atrapalham até hoje não só o Brasil, mas também muitas outras economias latino-americanas. Como resultado da planificação centralizada foram instaladas grandes entidades burocráticas. A supervisão ineficaz em combinação com leis e diretivas reguladoras compõem uma mistura que fomenta a corrupção e a ineficiência. Depreciar os aspectos de custos - enganada pela ilusão do 'autofinanciamento' dos gastos criou uma estrutura industrial distorcida de baixa produtividade com o resultado final de uma devastadora hiperinflação.

II.

ALÉM DO ESTADO E DA POLÍTICA

II. Além do Estado e da Política
- Economia e sociedade
    Princípios básicos do Anarco-Capitalismo
- Capitalismo de Estado
    Evolução capitalista
    Variedades do capitalismo
    As raízes fascistas do capitalismo de Estado
    O moderno capitalismo de Estado
- Mudança Institucional
- Democracia e capitalismo
    Libertarianismo no espectro político
- Projetos de transformação
    Principais etapas para uma sociedade livre

Antony P. Mueller

> *"Finalmente, pode-se dizer com certeza, a desconfiança de todos os governantes, a percepção da natureza inútil e cansativa dessas lutas de curta duração devem levar as pessoas a uma conclusão completamente nova: a abolição do conceito de Estado, a abolição e da oposição entre privada e pública. Passo a passo, empresas privadas assumem os negócios do Estado: até mesmo o mais difícil remanescente do antigo trabalho do governo (a atividade, por exemplo, que é proteger o privado contra o privado), será finalmente fornecida por empresários privados."*
> Friedrich Nietzsche: Menschliches, Allzumenschliches. (Humano - Demasiado Humano).
> Capítulo 10. Item oito "Um Olhar para o Estado" (1878)

Todos os sistemas políticos existentes têm sua âncora na violência. Esse também é o caso da democracia em um Estado que reivindica o monopólio do uso da força. O capitalismo genuíno, em contraste, requer um sistema de liberdade universal e da não-violência.

'Anarco-capitalismo' é o nome de uma governança que tem propriedade, liberdade e não-agressão como seus primeiros princípios. No espectro político, o libertarianismo difere do liberalismo clássico e é distinto do uso americano da palavra '*liberalism*'.

O liberalismo clássico colocou a propriedade no centro de seu sistema de governo. No entanto, os liberais clássicos não eram rigorosos o suficiente para sustentar a barreira contra a erosão dos direitos de propriedade. Uma ordem política de liberdade requer uma sociedade com um mínimo de Estado e, de verdade, a liberdade é incompatível com a existência de um Estado.

A liberdade exige uma adesão inflexível aos direitos de propriedade e das trocas voluntárias. A lema 'Tanto mercado quanto possível - tão pouco Estado quanto necessário' se refere apenas ao caminho. Em última análise, o ideal do anarco-capitalismo, é minimizar e abolir o Estado como portador do monopólio da violência.

No entanto, o anarquismo, no sentido de nenhuma força autoritária não significa que a ordem não exista.

De acordo com o ideal da ordem liberal, haverá uma ordem legal e uma ordem social - só que ela será privada. O anarco-capitalismo exige instituições privadas que cuidam da segurança interna e externa. O anarco-capitalismo não promove a anarquia, mas a transformação do Estado como uma instituição pública em uma ordem legal privada.

Antony P. Mueller

Economia e Sociedade

Uma ordem econômica e uma sociedade não surgem nem passam independentes umas das outras. A questão é qual sistema social e qual ordem política se harmoniza melhor com um sistema econômico produtivo. Um capitalismo livre não pode se desenvolver dentro de um sistema político dominado pela violência. No passado, toda a ordem política surgiu da violência e veio da aplicação sistemática da força. Nenhum dos sistemas de governança existentes produziu um capitalismo livre. Não houve período na história em que as pessoas pudessem aproveitar todo o potencial de um sistema econômico produtivo.

Nem a Revolução Francesa nem o movimento de independência dos EUA eram pacíficos. Os soviéticos tomaram o governo pela força. Mais tarde, a União Soviética instituiu seus governos vassalos na Europa Oriental pela força. A democracia da Alemanha Ocidental surgiu das cinzas da Segunda Guerra Mundial. A fundação da República Federal da Alemanha ocorreu como um país ocupado sob as armas das forças armadas aliadas. Os próprios aliados tinham força como fonte de sua legitimidade porque - seja a revolução americana, francesa, russa ou, como na Inglaterra, a 'gloriosa' revolução - cada um deles tinha a violência como seu trampolim.

Não tem sido possível para uma sociedade livre se afirmar, pois, sempre houve movimentos violentos que suprimiram a liberdade. Uma ordem econômica e social libertária está no fim da história. É uma mudança seminal, porque começando com a formação de comunidades políticas, o motor da evolução da sociedade tem sido a violência. Foi apenas passo a passo que a violência foi controlada e deixada de lado pela economia como a força motriz do desenvolvimento. Sob o anarco-capitalismo, esse processo viria a seu favor rejeitando a agressão em favor da entronização das relações de troca econômica voluntárias. Diferente de todas as outras formas de governança, a legitimação de uma ordem libertária e sua institucionalização provêm do discernimento e não da força. Não a presente "democracia liberal" marca o fim da história, mas o anarco-capitalismo significa o fim do Estado.

***

Em contraste com outros sistemas políticos, o anarco-capitalismo baseia-se na estrita observância do princípio da não-agressão. Portanto, um sistema libertário de governança não pode vir a existir através da força. Nesse sentido, a ordem social libertária está no final do desenvolvimento político histórico. É o sistema político por padrão. O libertarianismo marca o fim da evolução política depois que as alternativas falharam.

A ordem social libertária surge depois que se tornou manifesto que os sistemas políticos anteriores (democracia, monarquia, nobreza, fascismo, intervencionismo, comunismo, ditadura militar, etc.) falharam e falharão no futuro, quaisquer que sejam suas modificações.

Princípios básicos do anarco-capitalismo

O anarco-capitalismo funciona como uma sociedade de contrato privado.

O princípio da propriedade pessoal significa que todas as regras sociais devem estar de acordo com este princípio e, portanto, nenhuma outra instância é legítima (incluindo o chamado "direito" da maioria) para governar o indivíduo.

A propriedade privada determina o direito do indivíduo de usar sua propriedade, incluindo os bens de produção.

Uma ordem política libertária requer o fim do Estado e a despolitização da sociedade.

***

Uma ordem anarco-capitalista se torna possível se as alternativas baseadas na violência perderem sua legitimidade. O libertarianismo exige discernimento. Não será mais compulsório o caminho da ação política, mas o próprio poder político estará sujeito à razão.

Cabe à evolução se as funções do Estado continuam como instituições, que são como o Estado conhecido, e assim o Estado se torna menor (a ordem liberal como um Estado mínimo) - ou se novas formas de uma ordem livre de Estado emergirão. Em princípio, pode haver capitalismo livre e uma genuína regra pelo e para o povo somente dentro de uma ordem anarco-capitalista na qual o monopólio da força do Estado desapareceu e os partidos políticos desapareceram.

Antony P. Mueller

Capitalismo de Estado

Na ordem política da democracia moderna é o voto majoritário, com o princípio 'um homem, um voto', que distingue este sistema das formas autoritárias de governo dos tempos antigos. Esse sistema político, no entanto, é uma farsa, porque na democracia também o aparato estatal prevalece de maneira autoritária e ditatorial. A democracia não é a regra da maioria, mas uma tirania das minorias. No exercício de sua tirania, os governantes democráticos, aparentemente legitimados pelo voto majoritário, atuam como proprietários do Estado, não muito diferentes dos que chegaram ao poder através da violência, herança, tradição ou carisma. Quanto mais os partidos políticos e seus líderes usurpam o Estado, menor é o espaço para o capitalismo livre. Não são as pessoas que estão no poder em uma democracia, mas os líderes dos partidos políticos e os representantes de grupos de interesse especial que dirigem o show por trás da cortina.

A história recente da Inglaterra - como o berço da democracia moderna - demonstra como o liberalismo clássico falhou. O liberalismo do século XIX pereceu com o ataque da democracia partidária. Assim que os direitos de voto incluíam pessoas sem propriedade, os dias da ordem liberal acabaram. No entanto, a Inglaterra entendeu que deveria retardar esse processo de erosão. No Reino Unido, durante o século XIX, os direitos de voto se ampliaram para as camadas menos abastadas da população. A regra "um homem - uma voz" tornou-se válida após a terceira reforma eleitoral de 1884, e até 1911, a Câmara Alta, como a Assembleia dos Lordes, ainda poderia vetar a legislação do Parlamento (Câmara Baixa), enquanto o sufrágio das mulheres no Reino Unido começou em 1928. Enquanto a democracia se estendia às massas, a Grã-Bretanha florescia. Quanto mais a democracia de massa se instalou, mais o Reino Unido se moveu para a escorregadia ladeira do declínio econômico. Esta queda não foi por causa do povo. Quanto mais amplo o eleitorado se tornava, mais proeminente se tornava a política partidária, e os políticos profissionais - a maioria corruptos - dominavam o jogo político.

Os sistemas econômicos que prevalecem no mundo de hoje, mesmo quando chamados de "economia de mercado", estão nas mãos de um Estado monopolista. No Estado moderno não há lugar para o capitalismo autêntico e uma verdadeira economia de mercado. Os sistemas econômicos das democracias modernas são "capitalismo corporativo" ou "capitalismo de Estado" com reviravoltas plutocráticas e populistas.

Os marxistas chamam o atual capitalismo de "tardio" e designam o tempo presente como "pós-capitalismo" em contraste com o "capitalismo primitivo" dos dias da revolução industrial. No entanto, é mais apropriado falar do sistema atual como "pré-capitalismo". Ainda estamos em um estágio antes do alto capitalismo, que está esperando para emergir.

Evolução do capitalismo moderno

Depois do capitalismo inicial do século XIX e do capitalismo de Estado do século XX, o capitalismo livre está prestes a surgir no século XXI.

Estágios do capitalismo moderno

Capitalismo de descolagem Inglaterra no século 19	• *Mobilização dos fatores de produção* • *Poupança e investimento* • *Acumulação de capital* • *Revolução Industrial* • *Expansão imperial*
Capitalismo do Estado Estados Unidos, Alemanha e Japão no século 20	• *Organização sistemática da produção e da distribuição* • *Disciplina e controle* • *Forte ligação entre o Estado e a economia* • *EUA - Alemanha - Japão* • *Nacionalismo econômico*
Capitalismo livre Cidades autónomas no século 21	• *Inovação empreendedora* • *Conectividade e espontaneidade* • *Liberdade criativa* • *Separação do Estado e da economia* • *Clusters de produção* • *'Cidades digitais'*

Ao contrário do capitalismo de Estado, com sua estreita interdependência entre o Estado e a economia, o capitalismo empreendedor é independente do Estado.

Como resultado, há uma despolitização da sociedade. Em vez de nação e Estado, os aglomerados de produção locais - em grande parte autônomos - são o centro da economia.

Enquanto o capitalismo do século XIX visava mobilizar os fatores de produção e o capitalismo nacional, a esperança para o novo milênio é que o capitalismo empreendedor caracterize a nova época.

A Liberdade criativa do anarco-capitalismo vai minar o poder do Estado de maneira natural.

O capitalismo do século XIX tornou-se global como imperialismo e se transformou no nacionalismo econômico na primeira parte do século XX para se transformar no 'globalismo' do Estado-nação na segunda parte do século XX. Agora, a combinação entre local e global está surgindo na forma de unidades locais autônomas conectadas em todo o mundo. O papel do Estado-nação abre caminho para a 'glocalização' e o anarco-capitalismo. Como no passado, essas grandes mudanças não acontecem sem conflitos e retrocessos.

Esse tipo global-local de anarco-capitalismo é o sistema socioeconômico e político do futuro em contraste com o 'capitalismo de Estado' do passado.

***

O princípio central do anarco-capitalismo afirma que as atividades do Estado são supérfluas e prejudiciais. É verdade que o setor privado não pode produzir melhores resultados em todos os lugares e o tempo todo. No entanto, as deficiências da economia privada não desaparecerão com a intervenção do governo, pelo contrário. A crença de que o Estado poderia fazer melhor que o mercado é a grande ilusão do nosso tempo. A intervenção do Estado exacerba os problemas em vez de resolvê-los.

Existem áreas de produção que sofrem de ineficiências econômicas devido às suas características especiais de demanda e oferta. Porém, a intervenção não torna o fornecimento mais eficiente nem resolve os conflitos éticos.

A grande ilusão de que o Estado poderia eliminar os problemas sociais resulta do equívoco sobre a natureza dos problemas humanos. A maioria dos problemas econômicos e sociais não tem soluções, mas apenas 'trade-offs' ou compensações. Lidar com esses problemas exige avaliação e julgamento individual. A intervenção do Estado não resolve esses problemas, mas os torna piores. Um coletivo não pode avaliar trade-offs. Somente indivíduos podem avaliar.

Que o Estado ainda goza de legitimidade, tem três raízes:

Primeiro, todos os sistemas não libertários chegaram ao poder através da força. O Estado como um aparato repressivo parece natural para a maioria das pessoas. O uso descoordenado e caótico da violência, que é típico da conquista do poder estatal, dá lugar ao sistema organizado de força sob o comando do Estado. Esse monopólio da violência do Estado deveria proteger contra os criminosos da sociedade, mas, na verdade, serve para controlar o comportamento de todos os seus cidadãos. O Estado não se limita em cobrar impostos, mas interfere nas vidas privadas de várias formas. A maioria das pessoas aceita a autoridade e segue cegamente. Apenas pequenos grupos se libertam da ideologia do Estado. Propaganda constante sobre o quão necessário e importante é o Estado mantém os pensamentos e ações da maioria das pessoas cativas em cativeiro.

Segundo, o autoritarismo e a ditadura são tão antigos quanto o Estado. Tradições continuam existindo porque qualquer alternativa não vem à mente, pois aparece como 'impensável'. Embora muitas pessoas reconheçam o absurdo do governo do Estado e a loucura política que o rodeia, elas percebem essa insanidade como normal, porque julgam inevitável.

Terceiro, interesses especiais marcam a política do dia-a-dia e o processo eleitoral. Muitos eleitores são vítimas da propaganda política e confundem seus próprios interesses com os privilégios de outros grupos.

Poucas pessoas reconhecem que existe uma alternativa ao capitalismo de Estado, à democracia, ao comunismo, ao socialismo, ao fascismo e ao moderno Estado social. O libertarianismo como uma nova iluminação muda a opinião pública para que a atitude infantil de voltar para o Estado como solucionador de problemas universal acabe. Livrar-se da política e do Estado deve repudiar a atitude ingênua, que assume como princípio, sem mais delongas, que o governo pode, deve e precisa agir como um solucionador de problemas quando, na verdade, a política é a principal fonte de nossos problemas. As origens do capitalismo de Estado moderno.

O capitalismo de Estado é um regime em que o Estado exerce controle direto sobre grande parte da economia. É o sistema preferido de regimes autoritários e ditatoriais porque facilita manter o governante no poder. No entanto, o capitalismo de Estado também é compatível com o sistema político oligárquico da democracia partidária.

Variedades do capitalismo

O que restou do capitalismo liberal desapareceu nas cinzas da Primeira Guerra Mundial nos anos de 1914 em diante. A economia de guerra tornou-se a grande inspiração para o planejamento central e o controle governamental da economia. Na medida em que a Primeira Guerra Mundial foi o útero para dar origem ao comunismo soviético e ao nazismo, é também o berço do Estado intervencionista de guerra do bem-estar social. No século XX, o capitalismo de Estado, com sua multiplicidade de variantes, tornou-se o sistema socioeconômico e político dominante. Este sistema está agora em crise.

O princípio do capitalismo de Estado é o suborno; é um sistema que se submete ao poder e se mantém no poder através da corrupção. Os beneficiários da corrupção variam de corporações a sindicatos e à burocracia geral e a setores estatais específicos, como os militares ou o sistema organizado de ensino. O capitalismo de Estado se expande como o estado de guerra do bem-estar social, pelo qual uma ou outra tendência pode ser preponderante. Entre as variedades do capitalismo de Estado há a variante autoritária e populista, o tipo de bem-estar e o tipo de guerra, as variantes plutocráticas, corporativistas e cleptocráticas e o respectivo número de combinações.

O capitalismo de Estado americano concentra-se na guerra, no bem-estar e no corporativismo, por exemplo, enquanto a Suíça é plutocrática, mas não tendenciosa em relação à guerra. O capitalismo de Estado é organizado em 'complexos', como o 'complexo industrial-militar', o 'complexo farmacêutico-sanitário' e o 'complexo de pesquisa e do ensino superior', entre outros.

O que diferencia os países em seu desempenho econômico é o grau em que eles são competitivos ou protecionistas. Países como a Dinamarca e a Suíça compartilham com os EUA um sistema econômico competitivo e aberto, diferente do Brasil, por exemplo. O Brasil tem um capitalismo de Estado cleptocrático que carece de um sistema econômico competitivo e favorece o protecionismo, o que o aproxima da Rússia ou da Nigéria em termos de desempenho econômico.

As raízes fascistas do capitalismo de Estado

Por ser baseado em suborno, o sistema de capitalismo de Estado está em permanente necessidade financeira. As autoridades estaduais estão desesperadas para promover o crescimento econômico e emprego como fontes de poder estatal. As receitas fiscais nunca são grandes o suficiente para financiar todos os gastos públicos desejados. O capitalismo de Estado moderno deve recorrer ao financiamento por dívida, o que, por sua vez, torna esse sistema tendencioso em relação à inflação. O capitalismo de Estado não pode sobreviver. O grande tópico do século 21 será qual sistema socioeconômico e político deve substituir o capitalismo de Estado. Não é o capitalismo que está em crise, mas é o capitalismo de Estado que está moribundo. Por mais que o capitalismo de Estado tenha se tornado o sistema dominante de governança durante os últimos cem anos, a luta pela morte do capitalismo de Estado marca a grande batalha da transição para o novo sistema libertário de capitalismo livre.

O principal evento para o lançamento do capitalismo de Estado moderno foi a Primeira Guerra Mundial. Esse conflito ocorreu com o recrutamento em massa e um surto de fanatismo nacional. Criou a síndrome da 'guerra é a saúde do estado'. A Primeira Guerra Mundial foi o ponto de partida para o fascismo, o comunismo, o nacional-socialismo, o intervencionismo estatal e todos os outros tipos de totalitarismo ideológico. A Primeira e a Segunda Guerra Mundial eliminaram a diferença entre as forças armadas e a população civil quando os governos promoveram a guerra total com o estado como organizador do genocídio e do democídio.

A raiz organizacional do capitalismo de Estado é o fascismo. O "Manifesto Fascista" proclamado em 1919 por Alceste De Ambris e Filippo Tommaso Marienetti exigia o sufrágio universal e a representação regional proporcional do eleitorado. Os autores pediram o estabelecimento de um sistema corporativista de 'Conselho Nacional' formado por especialistas que seriam eleitos por suas organizações profissionais e que deveriam ter poder legislativo em suas respectivas áreas. O Manifesto pedia um dia de trabalho de oito horas e um salário mínimo; exigia representação dos trabalhadores na gestão industrial e na igualdade de posição dos sindicatos, executivos industriais e servidores públicos. Os autores do Manifesto Fascista apelaram para um sistema progressivo de impostos, um seguro de invalidez e outros tipos de seguro social, juntamente com a redução da idade de aposentadoria, o confisco da propriedade de todas as instituições religiosas e a nacionalização da indústria de armamentos.

O programa fascista de acordo com o manifesto fascista de 1919
("O manifesto dei fasci di combattimento")

Nós exigimos:

a) Sufrágio universal de base regional, com representação proporcional e elegibilidade para voto e eleição eleitoral para as mulheres.

b) Uma idade mínima para o eleitorado eleitoral de 18 anos; que para os detentores de cargos aos 25 anos.

c) A abolição do Senado.

d) A convocação de uma Assembleia Nacional por um período de três anos, para a qual sua principal responsabilidade será formar uma constituição do Estado.

e) A formação de um Conselho Nacional de peritos para o trabalho, para a indústria, para o transporte, para a saúde pública, para as comunicações, etc. Seleções a serem feitas por profissionais coletivos ou por comerciantes com poderes legislativos e eleitos diretamente para uma Comissão Geral. com poderes ministeriais.

Para os problemas sociais: Exigimos:

a) A rápida promulgação de uma lei do Estado que sanciona uma jornada de trabalho de oito horas para todos os trabalhadores.

b) Um salário mínimo.

c) A participação dos representantes dos trabalhadores nas funções das comissões da indústria.

d) Demonstrar a mesma confiança nos sindicatos trabalhistas (que se mostram técnica e moralmente dignos), como é dado aos executivos da indústria ou funcionários públicos.

e) A rápida e completa sistematização das ferrovias e de todos os setores de transporte.

f) Uma modificação necessária das leis de seguro para invalidar a idade mínima de aposentadoria; propomos reduzi-lo de 65 para 55 anos de idade.

Para o problema militar: exigimos:

a) A instituição de uma milícia nacional com um curto período de serviço para treinamento e responsabilidades exclusivamente defensivas.

b) A nacionalização de todas as fábricas de armas e explosivos.

c) Uma política nacional destinada a promover mais pacificamente a cultura nacional italiana no mundo.

Para o problema financeiro: Exigimos:

a) Um forte imposto progressivo sobre o capital que realmente expropriará uma parte de toda a riqueza.

b) A tomada de todas as posses das congregações religiosas e a abolição de todos os bispados, que constituem uma enorme responsabilidade sobre a Nação e sobre os privilégios dos pobres.

c) A revisão de todos os contratos militares e a apreensão de 85% dos lucros nele contidos.

Fonte: Conservapedia https://www.conservapedia.com/Fascist_Manifesto,_1919

***

Desde a sua criação, o fascismo foi o principal rival do comunismo com a questão aberta, qual credo oferecia o melhor tipo de socialismo.

Em 1922, Benito Mussolini chegou ao poder na Itália e colocou em prática a maior parte do programa fascista que ele proclamou. Adolf Hitler chegou ao governo na Alemanha em 1933 e instalou uma versão mais radical do programa fascista que incluía também uma agenda genocida. Nos países em desenvolvimento, o presidente brasileiro Getúlio Vargas (presidente de 1930 a 1945 e de 1951 a 1954) inspirou-se em Mussolini e Hitler e introduziu um vasto arranjo de leis trabalhistas protetoras que lhe garantiram o apoio dos sindicatos trabalhistas e da classe trabalhadora. Vargas estabeleceu a versão brasileira do fascismo. A Argentina adotou uma espécie de fascismo personalizado na forma de peronismo após a Segunda Guerra Mundial. Juan Domingo Perón tornou-se presidente em 1946 e colocou a Argentina no caminho do que pode ser chamado de "fascismo populista". O general Francisco Franco estabeleceu um estado fascista na Espanha em 1939 depois de vencer a guerra civil (1936-1939), e Antônio de Oliveira Salazar lançou um regime autoritário com fortes tendências fascistas em 1933. O Japão estabeleceu um regime fascista em 1931 e a China sob Chang Kai-shek em 1932.

No início dos anos 1930, o fascismo se tornou um movimento global. Hitler conseguiu com seu programa econômico acabar com o desemprego em massa. Enquanto a depressão devastava os Estados Unidos, o desemprego caiu pela metade em 1935 na Alemanha e o país se aproximou do pleno emprego em 1936, ano em que John Maynard Keynes publicou sua teoria sobre como superar as depressões. Programas governamentais para estimular a economia eram a marca registrada do regime de Hitler. Tudo o que ele tinha que fazer para esse propósito era implementar os planos nas gavetas da burocracia estatal dos governos antes dele. Esses planos não foram colocados em prática por causa da depressão. O plano de Hitler era lançar os programas do governo combinados com controles de preços e salários. Dessa forma, as consequências inflacionárias da política econômica de Hitler permaneceram ocultas. Nos Estados Unidos, o capitalismo de Estado experimentou um auge quando o presidente Richard Nixon implementou controles de preços e salários em 1971. Desta vez, o nome da política era 'política de renda' e recebeu sua bênção da teoria econômica keynesiana.

Comparado aos tempos de relativo laissez-faire durante o século XIX, o século XX até o presente tem sido a era do socialismo nacional e do socialismo internacional e suas múltiplas variações.

O capitalismo de Estado moderno recebeu sua forma e conteúdo característicos em seu período fascista. Pode-se até dizer que o fascismo nunca terminou, mas sim transformou em suas atuais formas sutis. No entanto, em termos de seu caráter intervencionista e antiliberal, o capitalismo de Estado moderno não é muito diferente de seu antecessor. No capitalismo de Estado moderno, as alegações sociais do fascismo são óbvias, embora suas cepas nacionalistas e xenófobas tenham sido domadas e recolocadas em esforços menos mortíferos, como os eventos esportivos internacionais.

O moderno capitalismo de Estado

Depois da Segunda Guerra Mundial, um capitalismo de Estado em expansão andou de mãos dadas com a disseminação da socialdemocracia, que se tornou a ideologia política dominante do estado moderno. A socialdemocracia, ou o que é chamado de 'liberalismo' na América, é a mistura suave do comunismo e do fascismo. Quase todos os principais partidos políticos, mesmo que não tenham 'social' ou 'democrático' em seu nome, professam os valores da socialdemocracia. A socialdemocracia é a faixa unificadora dos principais partidos políticos. Em geral, faz apenas uma pequena diferença se o partido se posiciona mais 'de direita' ou mais 'da esquerda' dentro do contexto comum da socialdemocracia.

Em retrospectiva, o fascismo e o comunismo aparecem como as variantes radicais da ideologia dominante socialdemocrata. Portanto, não é de surpreender que os dois extremos ainda se escondam por trás do véu do liberalismo social dominado - sempre pronto para ganhar proeminência.

Quando se aceitou que a *raison d'être* do estado seria fornecer 'justiça social' e 'segurança social', a noção liberal clássica de que a atividade governamental tem limites tinha que abrir espaço para a atividade estatal não vinculada porque diferente da fome e abrigo, por exemplo, 'justiça social' não tem um ponto de saturação natural. Enquanto no século 19, foi a defesa da liberdade que serviu como norma para limitar a atividade do estado, este critério desapareceu em favor de "direitos" abrangentes.

O século 20 experimentou a ascensão da socialdemocracia como aquele movimento político cuja principal característica é a reivindicação de direitos distribucionais, como o direito ao trabalho, o direito a férias, o direito à seguridade social, o direito à educação gratuita, e assim com a agenda de direitos sociais em expansão para as chamadas minorias. A igualdade é o grito de guerra desse movimento.

Grandes passos no projeto para estabelecer o estado de bem-estar intervencionista e o capitalismo de Estado vieram com o surgimento de organizações internacionais após a Segunda Guerra Mundial, como as Nações Unidas, o Fundo Monetário Internacional e o Banco Mundial. Os avanços regionais foram feitos com a criação da Comunidade Econômica Europeia em 1957 e o lançamento de uma moeda europeia comum em 1999. O lado de guerra do capitalismo de Estado do pós-guerra experimentou um grande avanço com a OTAN e o Pacto de Varsóvia durante a Guerra Fria. Por esses passos, o capitalismo de Estado tornou-se internacional e mais eficiente - tanto em suas proezas militares quanto econômicas. Na medida em que o capitalismo se tornou mais produtivo após o fim da Segunda Guerra Mundial, instituições nacionais e globais cresceram para controlar o capitalismo e moldá-lo de uma maneira que otimiza sua capacidade de servir como um anfitrião para a atividade do estado parasitário.

No entanto, não se pode ignorar os sinais de que a era socialdemocrata, incluindo suas duas manifestações radicais do fascismo e do comunismo, está acabando. O capitalismo livre e uma ordem política libertária agora são o caminho natural a percorrer. É apenas devido à tradição e falta de imaginação o que retém as pessoas. Em vez de avançar para o novo sistema, alguns grupos até favorecem uma ou outra das variantes radicais da democracia social, embora ninguém com uma mente sã pudesse ser a favor do fascismo ou do comunismo.

Mudança Institucional

O curso da história não segue um caminho pré-determinado, mas depende das decisões que tomamos. No entanto, a presença está conectada com o passado porque as circunstâncias atuais são o resultado de decisões e eventos passados. O passado se, ainda, foi relevante é na medida em que determina nossa situação atual. Além disso, precisamos tomar novas decisões a cada momento. Enquanto a presença resulta do passado, o futuro é o efeito de nossas decisões atuais. Que a presença vem do passado não significa que o passado determine as decisões que tomaremos hoje. Isso também vale para instituições políticas.

É verdade que a situação atual é o resultado do que foi decidido antes, sob as circunstâncias então prevalecentes. Embora, é claro, não se possa mudar o passado, não é devido que o passado determine o futuro. Embora tenhamos liberdade para escolher instituições, não estamos livres das consequências decorrentes de nossas decisões. Porque a história poderia ter sido diferente de como foi, então nossa situação atual e nosso futuro também podem ser diferentes.

Na política e na sociedade, há liberdade para escolher instituições específicas, mas cada decisão tem suas próprias consequências. Cada instituição desdobra sua própria dinâmica. Uma sociedade pode ser livre de qual instituição ela escolher, mas uma vez que uma instituição esteja em vigor, ela se torna 'um fato' na vida social. As instituições diferem da 'cultura'. O que distingue a Coreia do Norte da Coreia do Sul não é sua cultura, mas as instituições na Coréia do Norte e do Sul.

Nenhum indivíduo e nenhuma sociedade estão limitados pela 'cultura' ou pela 'tradição', mas apenas pela crença na cultura ou na tradição.

Cada estado se constitui como um empreendimento monopolista para aplicar força. O estado como tal, como o conhecemos, sofre com os males que vêm com um único provedor. Um monopólio, seja uma empresa privada ou o estado, é ineficiente, resistente à inovação e liberado de restrições para cuidar de seus clientes. Com o estado, é pior porque o estado tem o monopólio da violência. O estado, como detentor da força física 'legítima', é uma atração para os psicopatas de todos os tipos e para todos aqueles que buscam o poder para satisfazer seu desejo de domínio sobre as vidas das outras pessoas. O que é história política, senão a história de como homens e mulheres bizarros conquistaram e abusaram de seus poderes?

A supremacia estatal, que existe como monopólio da política interna, também leva seus detentores a estender sua esfera de domínio a outros países. Ao longo da história, os tempos pacíficos e os bons governantes foram apenas breves pausas em uma tragédia em curso, em que uma criatura miserável após o outro, a princípio, tenta ditar sobre seus compatriotas e, em seguida, se esforça para governar o mundo. O 'aperto do poder mundial' chega a todos os líderes políticos. Somente a resistência de outros grupos pode manter esses loucos sedentos de poder na baía. Se esta resistência falhar, o estado monopolista fica enlouquecido. Com o aparato estatal em mãos, o líder recebe o arsenal das ferramentas de propaganda públicas. O governante de um país pode manipular a opinião popular e incitar uma nação a entrar em guerra contra outra sem causa racional. A política internacional excede a loucura da política interna.

Os teóricos que estudam a democracia parlamentar dizem que a competição entre os partidos políticos e a divisão de poderes podem manter a violência do estado sob controle e manter seu abuso limitado. No entanto, há evidências abundantes de que a democracia moderna não oferece solução para o enigma do monopólio do poder do Estado.

Pode-se imaginar como uma ordem social livre funcionará. Com todos os outros sistemas de governança, é o oposto. Esses ideólogos não sabem como seus planos funcionarão na realidade, mas estão dispostos a instalá-lo de qualquer maneira. Os comunistas, por exemplo, não sabiam como o socialismo poderia funcionar, mas estavam decididos em seu desejo de chegar lá - nem que seja por força brutal. A tarefa difícil para os libertários é descobrir como estabelecer uma ordem de não-agressão pois a força está fora de questão. A cosmovisão anarco-capitalista difere das outras ideologias políticas que os libertários seguem: a não-agressão.

Diferentemente do libertarianismo, os partidos radicais da direita ou da esquerda e mesmo os do centro, podem sempre optar pela violência para estabelecer e preservar sua ordem favorecida. Enquanto os movimentos políticos não-libertários querem tomar o poder para exercê-lo, o anarco-capitalismo quer minimizar o papel da força e da supremacia na sociedade.

Democracia e capitalismo

As campanhas eleitorais políticas nas democracias populares consistem em uma competição entre partidos políticos sobre qual partido prometerá o melhor a grupos específicos. Uma eleição em uma democracia é sobre slogans e mentiras. Há uma competição entre as partes, mas as pessoas que representam essas partes formam uma espécie de grupo próprio. Os políticos modernos estão separados do povo - não muito diferente, como já foi o caso da aristocracia. Essa separação vem com o uso da força. A autoridade sobre a violência separa os governantes das pessoas comuns.

A democracia moderna sofre da contradição de que, enquanto a maioria dos cidadãos desconfia dos políticos e do estado, e quer menos impostos e menos controle estatal, cada eleitor está ansioso para usar seu voto de modo a obter o maior pedaço do bolo. Tal sistema não é democrático nem capitalista; é corrupto, pois produz um jogo político em que cada eleitor tenta enganar todos os outros eleitores. O princípio da democracia moderna é que, enquanto os eleitores tentam enganar uns aos outros na obtenção de um almoço grátis, o conjunto político engana todos os eleitores.

O sistema dominante nos países industrializados de hoje não é nem capitalista nem democrático, mas a regra é o 'capitalismo de estado'. Surgiu no início do século 20 e, ao longo do século, transformou-se de fascista autoritário em fascista democrático. Não mais prevalece um sistema autoritário de partido único, mas na democracia moderna, há pessoas no poder que formam uma rede que, embora participem de um jogo competitivo entre si, o fazem juntos como um grupo. Essa democracia opera como um sistema de partido único com várias facções.

Os resultados de uma eleição sobre quem forma o governo são decididos na margem, o que significa que a grande maioria dos principais membros do partido que perdeu uma eleição não deixará a política, mas permanecerá como a oposição e continuará no jogo de poder. Diferente de uma empresa falida que desaparece do mercado, na política, os perdedores de uma eleição permanecem no jogo e continuam sua atividade - seja como membros da oposição ou como parceiros de coalizão para o partido que ganhou as eleições. Além de seu papel no jogo, nada mudou.

Nas condições do sistema monetário fiduciário vigente e do direito de voto por maioria existente, o sistema atual não caminha para uma economia de livre mercado, mesmo que a maioria das pessoas assim o deseje. Em vez de uma ordem anarco-capitalista, há uma tendência a uma interação entre o populismo de esquerda e de direita, entre pequenas pausas de paz e o retorno do terror e da violência. Nesse sentido, todos os partidos modernos em uma democracia são partidos social-fascistas e o estado moderno é um estado social-fascista democrático.

Libertarianismo no espectro político

A esquerda política, assim como a direita política, reconhece o poder estatal autoritário. Em contraste com o libertarianismo, a liberdade pessoal do indivíduo não é seu foco na escala de valor político, mas no estado.

Enquanto 'A Esquerda' se refere à 'sociedade' por legitimidade, 'A Direita' reclama como sua base de legitimação 'a nação'.

Em contraste com isso, o indivíduo está no centro dos valores políticos do liberalismo fundamental.

Os movimentos esquerdistas lutam por um estado de bem-estar social universal, enquanto os partidos políticos de direita defendem um estado social de caráter nacional.

O libertarianismo, em contraste, repousa na liberdade econômica.

O socialismo internacional é o objetivo organizacional supremo da esquerda, enquanto a direita está lutando pelo nacional-socialismo.

O ideal organizacional político do libertarianismo é a cidade-estado ou um pequeno território regional, em contraste com a grandeza nacional da direita e o internacionalismo da esquerda.

Posição do libertarianismo no raio político

"A Esquerda"	Liber-tarianismo	"A Direita"
Poder do estado autoritário	Liberdade pessoal	Poder do estado autoritário
Sociedade	Indivíduo	Nação
Estado de bem-estar social	Liberdade econômica	Estado de bem-estar
Socialismo internacional	De-centralização	Socialismo nacional

Para chegar a um governo libertário sem violência, a opinião pública deve mudar. O libertarianismo tem que oferecer visões e modelos para explicar o que está acontecendo e pode transformar a opinião pública em favor de um futuro libertário. Para este propósito, modelos anarquistas radicais são inapropriados. É necessário convencer o público sobre a viabilidade prática do libertarianismo e mostrar que o anarcocapitalismo não é apenas uma teoria, mas prática e justa. Além disso, não se pode nem deve planejar a transição para o libertarianismo. Suas instituições devem ser uma ordem espontânea. Uma ordem libertária é concebível, e podemos descrever e explicar como ela funciona, mas o caminho para a sua realização deve ser evolutivo e espontâneo. Diferente de outros conceitos políticos, a opinião pública não deve seguir o exemplo, mas para o libertarianismo, a própria opinião pública deve ser a liderança. Não a violência e os planos grandiosos fornecem o caminho para uma ordem libertária, mas uma série de medidas práticas que fornecem a base para uma sociedade livre se desdobrar.

Antony P. Mueller

Projetos de Transformação

Não para seu estabelecimento, mas para sua preservação, o sistema político precisa da aprovação da opinião pública. O poder nunca existe apenas como uma força bruta. O poder estatal domina e cai com sua legitimidade, que vem da aprovação da opinião pública. As grandes ditaduras do século 20 receberam sua posição de poder da crença em certas ideologias. Não a brutal violência tornou seu governo possível, mas o consentimento das massas permitiu que os governos usassem força brutal. Hoje, a crença na democracia como regra da maioria domina a mentalidade da população e forma a base da legitimidade desse sistema. No entanto, a democracia na forma do sistema de votação da maioria leva ao intervencionismo e, a partir daí, ao socialismo está apenas um passo de distância. A democracia não protege contra a loucura ou a tirania.

Como se pode redesenhar o sistema político em direção a mais liberdade? No primeiro passo, deve-se privar o sistema existente de democracia 'social-liberal' de sua falsa legitimidade e mostrar a alternativa.

Uma falsa legitimação diz respeito, primeiro, ao dinheiro. O hábito e a falta de conhecimento são as razões pelas quais, para muitas pessoas, não há alternativa ao sistema atual, embora haja muito desconforto com a ordem monetária. Na economia moderna, o estado tem o monopólio do dinheiro. Mas por que isso acontece, não há resposta racional. Com o banco central nacional, o estado tem um órgão de comando central sobre o sistema. Este sistema monetário baseia-se no centralismo e monopólio. O banco central está em oposição ao capitalismo livre.

Os membros do banco central estão entre os mais importantes detentores do poder. Eles entram nessas posições em caminhos intricados e opacos. Como o Tribunal Constitucional, os membros do Banco Central são nomeados. Da mesma forma, como os juízes da suprema corte agem como os Senhores da Constituição, fingindo protegê-la, os membros do banco central são os senhores do sistema monetário e falsamente reivindicam preservar o valor do dinheiro. Não sendo diferentes dos 'protetores da constituição' como mestres da transformação constitucional, os banqueiros centrais - como proclamados 'guardiões de nossa moeda' - são os principais culpados pelo caos monetário e pelas crises financeiras que afligiram o capitalismo. Em questões monetárias, os banqueiros centrais dominam a economia como um comitê central soviético. Como esses membros da elite suprema do poder entram nas posições respectivas permanece escondido, e o que eles fazem é assustador.

O fracasso dos banqueiros centrais não é menos aparente do que o problema dos veredictos vergonhosos dos juízes supremos. Os banqueiros centrais são responsáveis pelas grandes catástrofes econômicas do século 20: a hiperinflação dos anos 1920 na Alemanha e a Grande Depressão dos anos 1930 nos EUA. A estagflação dos anos setenta é produto da má administração dos bancos centrais, bem como da crise financeira de 2008. Nos próximos dez anos, os esforços combinados dos bancos centrais dos EUA, Japão e Europa instigaram a maior bolha especulativa que o mundo já viu. Ao implantar taxas de juros que estão abaixo de qualquer nível razoável, os banqueiros centrais alimentaram um frenesi especulativo global de proporções gigantescas. No entanto, a mídia colocou a culpa no capitalismo e elogiou os banqueiros centrais e o ministro das finanças como salvadores do sistema. O público é enganado pelos especialistas acadêmicos e pela mídia que elogia os lobos como guardiões das ovelhas.

A tarefa é reformar o sistema monetário e reduzir a dívida nacional e chegar a uma democracia real. O regime monetário existente é um instrumento político-estatal para o exercício do poder, que permite a expansão desenfreada do estado de bem-estar, a guerra e o acúmulo da dívida pública. Uma nova ordem monetária é um passo decisivo para a nova ordem econômica. A mudança do sistema pode estar dentro da estrutura da base legal predominante. Abolir o monopólio estatal do dinheiro e reconhecer o dinheiro privado como meio de pagamento é o caminho para iniciar a reforma do sistema monetário. O objetivo é devolver aos cidadãos a liberdade de escolha monetária sobre qual moeda usar. Os atores econômicos devem ter liberdade para decidir que dinheiro gostariam de ter para suas transações.

Como primeiro passo, deve-se eliminar a posição privilegiada do banco central como órgão central de planejamento. Isto pode ser feito impondo um limite à quantidade do dinheiro do banco central. Se o banco central não tiver mais o acesso a manipular a oferta monetária, não pode mais manipular a taxa básica de juros. Depois disso, deve ser fácil descontinuar o banco central como instituição pública, enviando os titulares dos cargos para a aposentadoria. Essa medida eliminaria a principal fonte de turbulência cíclica. Congelar a quantidade de dinheiro do banco central vai colocar um freio no governo para acumular dívidas e, assim, também ajudar a neutralizar o papel do intervencionismo governamental como a outra principal fonte de criação de caos econômico, além do banco central.

***

Como segundo passo, o plano entra em cena na reforma do sistema eleitoral e na eliminação da classe política. Acabar com o atual sistema eleitoral do voto majoritário em favor de uma loteria para selecionar os representantes do povo, eliminaria a política partidária e os políticos profissionais. Com os modernos meios de comunicação, é possível selecionar um corpo representativo da população por amostragem aleatória. Segundo este modelo da loteria política, os membros deste grupo formariam a Assembleia Legislativa. Tal Assembleia seria participativa e representativa. Selecionar o representante do povo por sorteio também seria mais barato do que as campanhas eleitorais e manter parlamentos e congressos em suas formas atuais. Essa Assembleia contrataria então empresas privadas de administração do governo - para exercer a função de governo sob a estrita supervisão da Assembleia.

Nos Estados Unidos, o Movimento da Liberdade (*Freedom movement*) poderia pressionar por este modelo eleitoral em estados individuais e a partir daí o movimento poderia se espalhar pelo país até que, após uma fase de experimentação, pudesse servir para a eleição dos membros do Congresso. Na Europa, pode-se começar com os conselhos municipais das áreas metropolitanas. Como um método transitório, pode-se também considerar a formação de uma espécie de *"Upper House"* ou "Senado" pela seleção aleatória de seus membros. Esta Câmara supervisionaria as ações dos membros do Congresso e seria o corpo final da aprovação das leis. Essa Assembleia deve ter poder de veto total sobre as novas leis. A Assembleia seria composta de membros que são selecionados por uma loteria rolante, com cada membro servindo por dois anos tem muitas vantagens sobre o sistema atual.

Empresas privadas de administração governamental surgiriam em mercados competitivos e ofereceriam seus serviços primeiro nos níveis municipal e estadual e de lá incluiriam entidades maiores até o nível de um país ou um sindicato de estados. As empresas privadas de administração governamental estariam no negócio para obter lucro e, como tal, devem satisfazer as demandas de seus clientes (que são as pessoas representadas pela Assembleia) ao menor custo.

Tal sistema levaria às seguintes consequências: Em primeiro lugar, a formulação séria de políticas em favor do melhor para a população e substituiria os atuais jogos de jogos políticos que servem a grupos de interesses especiais.

Em segundo lugar, o sistema de seleção aleatória traria uma ampla gama de conhecimentos para o sistema político.

Terceiro, os membros de tal Assembleia não seriam psicopatas sedentos de poder e carreiristas políticos porque, após seu curto período de vida na política, essas pessoas retornariam à sua vida privada.

Por fim, tais procedimentos legislativos dariam prioridade à redução dos gastos do governo e à redução da carga tributária, porque os membros da Assembleia seriam os que deveriam pagar por eles.

Pode-se esperar que, com "demarquia", caindo os gastos do governo, os impostos serão menores e a burocracia será menor.

***

O terceiro projeto trata do sistema legal e de segurança. Atualmente, a ordem judicial é contraditória, uma vez que o próprio sistema judiciário faz parte do sistema político sobre o qual decide. Falar da independência dos tribunais é tão irrealista quanto afirmar que os bancos centrais são independentes. Os juristas estatais elogiam a divisão do poder, mas a sua existência prova o contrário e sublinha que a realização do princípio é impossível e existe apenas como um mito.

Principais etapas para uma sociedade livre

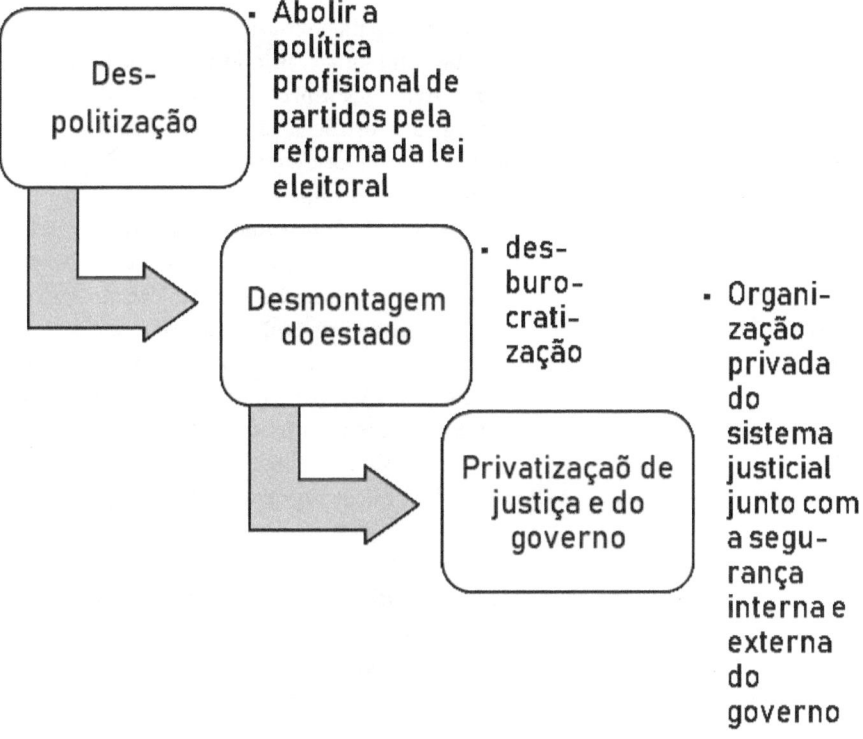

A despolitização, a desburocratização e a organização privada da justiça, assim como a segurança interna e externa, são os pilares no caminho para estabelecer uma ordem econômica e social libertária.

Acabar com o político profissional e com a política partidária, vem com a reforma eleitoral que estipula a seleção da assembleia legislativa pelo princípio do acaso.

O órgão legislativo promoverá a desburocratização do Estado. Finalmente, a organização privada da justiça e segurança interna e externa passa a existir.

No estado constitucional moderno, a divisão dos poderes é uma ficção, porque os partidos políticos não estão apenas presentes no corpo legislativo, mas também no governo e nomeiam os juízes, incluindo os membros do Tribunal Constitucional. Um sistema legal estadual não é independente, pois existe em laços estreitos com a estrutura de poder predominante. Todas as aberrações morais das modas do tempo infiltram-se na jurisprudência: da jurisdição local aos tribunais constitucionais. Não houve perversão nesta terra que não era legal em algum momento e com a qual os tribunais não colaboraram.

Não apenas os Estados Unidos sofrem com a discrepância entre o sistema de valores predominante nos tribunais e o da população. A perda de confiança na lei tornou-se tão severa quanto a perda de confiança na política.

Um sistema privado de jurisprudência terminaria com o exercício da autoridade do judiciário público sobre o povo. Um sistema legal privado custaria menos, seria mais eficaz e seria mais justo. A inteligência artificial chegaria ao seu potencial máximo sob um sistema legal privado e cortaria as despesas de serviços jurídicos para uma pequena fração do que custa agora. No cruzamento.

O intervencionismo populista é o sistema econômico mais difundido. Os países diferem por serem mais ativos ou menos ativos no intervencionismo. O dinheiro está sob o controle do estado. O estado se mistura nas transações econômicas por meio da tributação. Enquanto alguns setores estão mais sob controle estatal do que outros, a consequência visível é que esses setores onde persistem crises - como segurança interna e externa, saúde, provisão de idosos, educação, dinheiro e finanças - são aqueles que estão sob o controle governamental mais intensivo. Um enorme aparato de subsídios sustenta, a enormes custos, a indústria de defesa, o setor automotivo, as empresas farmacêuticas, grande parte das instituições agrícolas e educacionais.

***

Embora o grande debate não adote mais a alternativa entre socialismo e capitalismo, a questão central permanece: se a sociedade deveria se mover mais para a intervenção estatal ou mais para uma economia de mercado. Desta forma, a questão tradicional do socialismo ou capitalismo ainda está na mesa.

A história não tem um caminho inevitável de desenvolvimento, mas existem leis econômicas. A decisão por essa ou aquela versão do sistema econômico é livre, mas as consequências não são livres para escolher. Liberdade refere-se à escolha das instituições, não às suas consequências.

Nesse sentido, há um poder de ideias e, ao mesmo tempo, há a impotência de ideias diante dos fatos. Há situações em que, como dizem, não se pode mais mudar as coisas. Antes que alguém tomasse a decisão errada, as opções estavam abertas quando colocadas na mesa. Uma escolha diferente poderia ter evitado os problemas que surgiram agora como consequência da decisão errada e o curso da história teria ido em outra direção.

Como nos anos 1930, as ideias socialistas podem conquistar os Estados Unidos novamente à medida que se apoderaram da Europa desde o começo do século XX.

Há uma tendência a escolher o socialismo sem considerar quais consequências virão com essa escolha. Emoções e preconceitos estão por trás porque o socialismo continua atraente. Apesar de suas evocações da ciência, o socialismo é um conto de fadas para adultos. Seguindo seu credo, os socialistas sonham com uma sociedade onde a justiça e a prosperidade governam junto com a igualdade de todos.

A socialização infantil da educação reforça a disposição biológica do socialismo porque as crianças e os adolescentes vivem sob os sistemas socialistas da família, das escolas e da universidade até que sejam adultos e muitas vezes permaneçam sob o feitiço socialista pelo resto de suas vidas.

É através dos esforços da razão que se torna possível libertar-se da fé socialista. O primeiro passo para a libertação do credo socialista é a percepção de que não redistribuição ajuda os pobres, mas o crescimento econômico e um capitalismo livre, que aumenta a produtividade e a renda.

Ironicamente, foi o sucesso do capitalismo que criou a expectativa socialista de um mundo sem escassez. A experiência capitalista mostrou que um mundo próspero não era mais uma fantasia utópica.

Os primeiros socialistas estavam convencidos de que o socialismo aumentaria a produtividade do capitalismo não apesar, mas devido à igualdade de distribuição. No paraíso socialista, pode-se ter uma abundância material maior do que sob o capitalismo, juntamente com a erradicação de todos os tipos de injustiças e discriminações. O socialismo surge do desejo pela utopia. O motivo principal do movimento socialista inicial era o idealismo. Hoje, esse sistema utópico promete aos crédulos que o smartphone vem de graça, junto com um sistema de transporte público gratuito e a compra de uma pensão generosa, assim como, é claro, uma renda mínima garantida e educação e saúde gratuitas. Os mais altos padrões para todos.

Alguns dos movimentos socialistas encontram o caminho do socialismo por necessidade pessoal de justiça social ou por motivos religiosos. Entre os herdeiros ricos e ricos, há socialistas por causa de uma má consciência sobre sua riqueza. No entanto, o sonho de uma distribuição justa é uma grande ilusão.

Primeiro, a quantia a distribuir seria menor do que muitos socialistas acreditam. Por exemplo, se os bilionários da lista da Forbes compartilhassem toda a sua riqueza com o resto da população mundial, cada pessoa na terra receberia não mais do que o pagamento único de uma quantia do tamanho de um salário mensal moderado dos operários, nos países ricos.

Em segundo lugar, mesmo que os bilionários atuais concordassem com esse plano, eles não poderiam fazê-lo porque sua riqueza não consiste em dinheiro, mas em ações e outros interesses comerciais e no setor imobiliário. Para distribuir o dinheiro, os proprietários teriam que vender esses ativos. Todavia, se eles decidirem vender, quem vai comprar?

Terceiro, se alguém quiser aplicar uma medida mais drástica em nome da justiça social e distribuir à força a riqueza do mundo igualmente, levaria pouco tempo, e uma nova distribuição desigual logo voltaria a existir, com a consequência adicional de que a pobreza global no mundo teria se tornado maior no processo.

Se a redistribuição no capitalismo não funciona, então alguns parecem ponderar, que apenas impor o socialismo completo vai resolver o problema da "injustiça". Ao fazê-lo, esses socialistas acreditam que são de bom coração quando advogam o socialismo, mas não sabem que falam em favor de um regime desumano cujas primeiras vítimas, provavelmente, seriam eles mesmas. A grande batalha ideológica continua em ondas, embora milhões de pessoas tenham sido vítimas quando os regimes terroristas socialistas dominaram os conflitos do século 20. A história mostrou que o socialismo em sua variante soviética internacional e em sua forma nacional-socialista só pode existir como tirania. Com a decisão do intervencionismo e do socialismo, a estagnação econômica vem com essa escolha. Em contraste, com a decisão por uma economia de mercado livre, a escolha leva ao progresso econômico. Teorias e história mostram que o socialismo traz uma economia compulsória e leva à estagnação, supressão e pobreza, enquanto o capitalismo é mais produtivo quanto mais livre ele é.

O século 21 pertencerá àquelas nações que escolherem o caminho para o capitalismo livre, enquanto os países que optarem pelo socialismo e pelo intervencionismo sofrerão estagnação econômica e declínio.

As alternativas são claras. Por um lado, o capitalismo livre como uma ordem econômica que traz consigo liberdade pessoal e prosperidade geral e, por outro lado, a economia de comando socialista, levando à pobreza e ao encarceramento.

Um olhar sobre as experiências com o domínio comunista na Europa Oriental e na Ásia e em outras partes do mundo torna o diagnóstico inequívoco. No entanto, instigado por propaganda insistente, o descontentamento popular vai contra a ordem econômica capitalista. A mídia cria a ilusão de que se pode ter tanto a riqueza do capitalismo quanto a suposta igualdade e justiça socialista.

O socialismo do século 20 não é mais a ideologia dominante de nosso tempo, mas o anticapitalismo ainda é virulento, e essa ideologia está em toda parte na mídia, nas escolas e nas universidades. O grande erro do socialista é acreditar que essa pobreza se origina do capitalismo e não do intervencionismo que eles próprios pregam e praticam. Deveria ser óbvio para todos que o socialismo em todas as suas variantes não é uma solução, mas uma estrada para o inferno. O comunismo acabou, mas impregnou uma poderosa mentalidade na forma de um anticapitalismo venenoso. Os desejos socialistas ainda são virulentos. Está adormecido em muitas cabeças e muitas vezes benigno em suas formas atuais, mas o monstro socialista e a supressão comunista podem ressurgir a qualquer momento.

Desta vez, os regimes de terror teriam um gigantesco arsenal de tecnologia moderna à sua disposição. Ditaduras futuras seriam capazes de consolidar seu poder em um grau que seria era inédito no passado. Nesse sentido, a opção pelo anarco-capitalismo é uma escolha pela vida sobre a morte. Resumo.

Seria um mal-entendido caracterizar a ordem libertária como "anarquista" no sentido de caos e desordem. Pelo contrário. O anarco-capitalismo é o oposto da anarquia, do caos e da ilegalidade. Anarquia, caos e desordem caracterizam o sistema atual. O capitalismo livre carrega a ordem social dentro de si como um sistema de governança que é livre do estado. O caminho para uma ordem libertária é uma revolução que não é disruptiva. O libertarianismo é um sistema evolutivo, não aquele que poderia ou deveria ser imposto de cima ou de fora.

A visão de uma ordem anarco-capitalista é clara. O que é necessário para que esta transformação seja bem-sucedida é uma maioria para uma reforma eleitoral, que introduziria o princípio de seleção aleatória dos representantes. Depois que a realização e os benefícios da ordem anarco-capitalista se tornassem visíveis, o libertarianismo se espalharia por imitação. São necessárias apenas algumas comunidades para adotar os princípios do anarco-capitalismo e, com o tempo, a ordem libertária encontraria seguidores em outras comunidades e países.

III.

O CAMINHO PARA O ANARCO-CAPITALISMO

III. O Caminho para o Anarco-Capitalismo e a Demarquia
- O anarco-capitalismo é possível? -
- Uma chance para liberdade
- Morte dos porteiros
- Uma nova ordem
- Demarquia (escolha por sorteio)
    Demarquia no sistema de governança
    O caminho para a Demarquia
    Órgãos Básicos de uma Demarquia
    A Assembleia Geral e a Executiva
    Cronograma das políticas
- Resumo

Antony P. Mueller

> *"... devemos ser capazes de oferecer um novo programa liberal que apele à imaginação. Devemos tornar a construção de uma sociedade livre uma vez mais uma aventura intelectual, uma ação de coragem."*
> F.A. Hayek, The Intellectuals and Socialism (1949)

O processo de substituição do trabalho por máquinas entra em setores que pareciam estar isentos de automatização e robotização. As novas tecnologias transformarão lei, medicina, educação, consultoria, administração de empresas e serviço público. A segurança no trabalho é uma coisa do passado. As medidas convencionais do estado de bem-estar não funcionam mais. Dois tipos de resposta emergiram para este desafio: ou mais socialismo ou mais capitalismo.

Continuando como no passado e mais socialismo pioraria as coisas. A resposta ao desafio é abolir a política e o estado. Selecionar os legisladores por meio de sorteio, o fim do monopólio estatal do dinheiro e a privatização do sistema de justiça e segurança são os principais passos a serem dados. Na medida em que o capitalismo livre florescesse, os custos de vida cairiam, os salários aumentariam, a renda aumentaria e os fardos da tributação e da burocracia desapareceriam. A necessidade de ter um emprego permanente e um salário estável, tão urgente sob o sistema atual, desapareceria.

Uma revolução libertária e uma ordem anarco-capitalista se tornaram possíveis porque as novas tecnologias, com a Internet em seu centro, minam a capacidade do antigo regime de manter sua influência sobre a opinião pública. O controle da mente pelo estado moderno enfrenta o obstáculo de que o custo para engendrar a opinião pública supere sua eficácia. Novas fontes alternativas de conhecimento competem com o privilégio informacional do governo. A voz do governo se tornará uma entre muitas.

A necessidade de uma ordem anarco-capitalista não é apenas uma questão do bem-estar material. Se continuarmos com o atual sistema de governança, o estado crescerá cada vez mais e se tornará mais totalitário. Nas mãos de tal regime, as novas tecnologias se transformam em armas mortais contra a liberdade individual.

Anarco-capitalismo é possível?

Mesmo que se concorde que o anarco-capitalismo se tornou uma necessidade, surge a questão de saber se tal governança é possível. Afinal, à primeira vista, problemas intransponíveis parecem impedir o florescimento de uma sociedade sem Estado. Libertarianismo significa uma sociedade de direito privado. Empresas privadas no mercado fornecem as funções tradicionais do Estado. Uma ordem do anarco-capitalismo substitui a coordenação hierárquica das atividades pelo Estado por meio da cooperação horizontal baseada na troca voluntária.

Embora uma ordem libertária represente uma revolução quanto às suas consequências, o caminho para sua criação não é revolucionário. O caminho para uma ordem anarco-capitalista é gradual com o processo contínuo de privatizações avança. Começando com a venda de empresas semi-públicas e de serviços públicos, a privatização se estenderá passo a passo à educação e a saúde e abrangerá a segurança e o sistema judicial. Objeções frequentes contra o anarco-capitalismo duvidam da possibilidade de substituir a atividade estatal pelo setor privado. Surgem questões como: "Se não há Estado, quem construiria as estradas - quem cuidaria dos pobres - quem proveria educação, serviços de saúde, segurança e justiça?" Se não há Estado, quem pagaria as pensões?"

Tais questões não são resultado de análise, mas de hábito. Se o suprimento de meias e roupas íntimas estivesse nas mãos do estado, as pessoas fariam as mesmas perguntas sobre meias e roupas íntimas. Se o estado assume uma atividade, ele expulsa a oferta privada. Isso leva ao resultado paradoxal de que os serviços do governo parecem indispensáveis quanto mais atividades o Estado tem sob seu controle.

Não muito tempo atrás, muitas das atividades, que agora fornecem o estado, estavam em mãos privadas. O governo não assumiu esses serviços porque o setor privado fracassou, mas porque os políticos partidários, em busca de poder e de sua extensão, invadiram o setor privado. Desde certa vez, quando a espiral intervencionista começou, não havia mais fim. Quanto mais o Estado comanda, mais poderosos os políticos e os funcionários do Estado se tornam. À medida que a economia de mercado recua, mais fácil fica para os políticos do partido trazer outras atividades sob sua autoridade.

Quando o Estado assume uma atividade econômica, a escassez não diminui, mas cresce. Portanto, todas as principais atividades do estado - seja educação, saúde ou segurança interna e externa - aparecem sempre como subfinanciadas e com necessidade urgente de expansão. Por causa da escassez artificial, o eleitorado exige mais desses serviços quanto mais o Estado oferece bens e serviços. Nenhum partido político ousaria negar os desejos para mais gastos. Qual representante de um partido político poderia propor menos gastos para educação, saúde e segurança?

Os eleitores não percebem que estão em uma armadilha. Eles não conseguem ver que, além da falta de eficiência, há também um excesso de oferta de serviços governamentais. O único limite para uma expansão sem fim em termos de gastos governamentais é a restrição orçamentária.

Quando o Estado atinge o limite financeiro, a mania de controle pelo governo não para, mas continua em outras áreas. Quando os gastos do governo atingem suas restrições vinculadas e financeiras, e força o governo de reduzir ou resfriar os gastos do governo, o Estado volta-se para o controle daquelas atividades que não exigem dinheiro para gastar. Consequentemente, as áreas que mais crescem nas atividades do Estado nas últimas décadas têm sido as sanções comportamentais - desde o que se pode comer e beber até o que se pode dizer ou não. Primeiro, os governos regulam o que você pode levar para a boca, depois o Estado controla o que pode sair da sua boca.

Sob o anarco-capitalismo, a maior parte do que hoje o Estado fornece em serviços pode cair para uma fração do volume atual. Em escala mundial, os gastos militares sozinhos representam cerca de 1,7 trilhões de dólares anualmente. Com uma economia livre, os chamados 'serviços públicos' não só se tornariam melhores e mais baratos, mas também resultaria que a demanda por educação, saúde, defesa e segurança interna seria muito diferente do que é agora. Portanto, para privatizar muitas das atividades, que agora estão sob a autoria do Estado não só levaria a uma diminuição dos custos por unidade dos serviços, mas também reduziria o volume de oferta, porque uma grande parte da atual oferta dos chamados 'bens públicos' é um desperdício inútil. Não perdendo nenhum dos benefícios genuínos da educação, saúde e defesa, os orçamentos para essas provisões poderiam cair para uma fração do seu tamanho atual. Se incluirmos o exagerado aparato judiciário e da administração pública na redução da atividade estatal, os gastos do governo, que atualmente estão próximos a 50% do produto interno bruto na maioria dos países industrializados, podem chegar a até um dígito. Impostos e contribuições poderiam cair a uma pequena fração do nível de hoje.

Diferente do que é atualmente a crença dominante, a privatização das funções policiais e do judiciário não é um problema tão grande. Privatização dessas atividades significaria estender o que já está acontecendo. Nos Estados Unidos de hoje, por exemplo, o policiamento privado, como os guardas de segurança, já acontece em grande escala e compreende mais de um milhão de pessoas. Em alguns países, incluindo os Estados Unidos, o número de policiais e seguranças particulares já excede o número de policiais oficiais. A prestação privada de serviços judiciais está em ascensão. Os tribunais de arbitragem têm uma demanda forte e crescente, incluindo serviços para disputas entre fronteiras. Essas tendências continuarão porque a proteção e a arbitragem privadas são mais baratas e melhores que a provisão pública. No Brasil, por exemplo, que entretém um dos sistemas judiciais mais caros do mundo, atualmente cerca de oitenta milhões de processos estão pendentes sem decisão, e a incerteza jurídica tornou-se monstruosa.

Espiral de custos dos serviços públicos

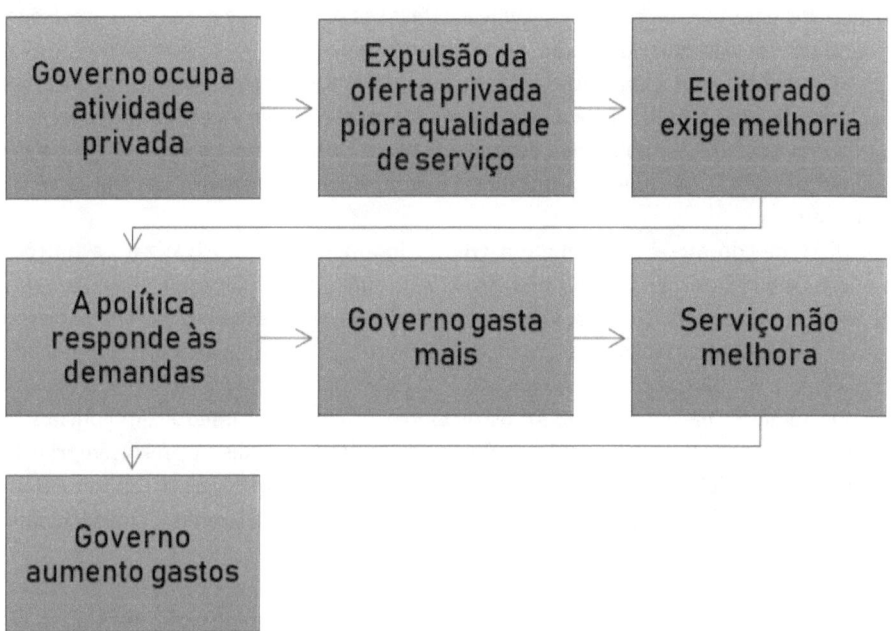

O limite para uma expansão sem fim do estado em termos de gastos é a restrição orçamentária. Quando o estado atingiu o limite financeiro, a mania de controle não para, mas continua em outras áreas. Quando os gastos do governo atingem suas restrições vinculadas e financeiras, reduzem os gastos do governo, o estado volta-se para o controle daquelas atividades que não exigem dinheiro para gastar. Consequentemente, as áreas que mais crescem nas atividades do Estado nas últimas décadas têm sido as sanções comportamentais - desde o que se pode comer e beber até o que se pode dizer ou não. Primeiro, os governos regulam o que você pode levar para a boca, depois o estado controla o que pode sair da sua boca.

Sob o anarco-capitalismo, a maior parte do que o estado fornece em serviços pode cair para uma fração do volume atual. Em escala mundial, os gastos militares sozinhos representam cerca de 1,7 trilhão de dólares anualmente. (https://www.statista.com/statistics/264434/trend-of-global-military-spending/). Os chamados "serviços públicos" não apenas se tornariam melhores e mais baratos, mas também resultaria que, sob um livre mercado, a demanda por educação, saúde, defesa e segurança interna seria muito diferente da que é agora. Portanto, privatizar muitas das atividades, que agora estão sob a autoridade do Estado, não apenas levaria a uma diminuição dos custos por unidade dos serviços, mas também reduziria o volume de fornecimento, porque uma grande parte da oferta atual de energia elétrica, chamado 'bens públicos' é um desperdício inútil. Não perdendo nenhum dos benefícios genuínos da educação, saúde e defesa, os orçamentos para essas provisões poderiam cair para uma fração do seu tamanho atual.

Se incluirmos o exagerado aparato judiciário e de administração pública na redução da atividade do Estado, os gastos do governo que hoje em dia refere-se aproximadamente a 50% do produto interno bruto, na maioria dos países industrializados pode chegar a um dígito e contribuições poderiam cair em noventa por cento.

Diferente do que é atualmente a crença dominante, para privatizar as funções policiais e o Judiciário não é um problema tão grande. Isso significaria estender o que já está acontecendo. Nos Estados Unidos de hoje, por exemplo, o policiamento privado, como os guardas de segurança, já acontece em grande escala e compreende mais de um milhão de pessoas. (http://ftp.iza.org/dp8800.pdf)

Em alguns países, incluindo os Estados Unidos, o número de policiais e segurançãs particulares já excede o número de policiais oficiais. A prestação privada de serviços judiciais está em ascensão. Os tribunais de arbitragem experimentam uma demanda forte e crescente, incluindo serviços para disputas transnacionais. (https://iccwbo.org/media-wall/news-speeches/icc-reveals-record-number-new-arbitration-cases-filed-2016/)

Essas tendências continuarão porque a proteção e a arbitragem privadas são mais baratas e melhores que a provisão pública.

No Brasil (https://www.wilsoncenter.org/publication/the-brasil-judicial-system), por exemplo, que entretém um dos sistemas judiciais mais caros do mundo, atualmente cerca de oitenta milhões de processos estão pendentes sem decisão, e a incerteza jurídica tornou-se monstruosa. Será uma chance para a liberdade

Alguns críticos do libertarianismo perguntam que, se o anarco-capitalismo era uma ordem tão boa, por que não foi tentado antes? A resposta a essa alegação é que ainda não houve uma ordem libertária, porque até agora era impossível ter uma. A causa disso é que, ao longo da história, os regimes se estabeleceram pela força e, assim que uma pessoa específica ou grupo de pessoas conquistou o poder, eles tentaram monopolizar a informação a seu favor. Desprovido de meios de comunicação e sob censura, o libertarianismo foi negado sua voz em contraste com a avalanche de teorias, opiniões e propaganda que justificavam e deificavam o estado e o governo.

A luta pela liberdade

Alguns críticos do libertarianismo perguntam que, se o anarco-capitalismo era uma ordem tão boa, por que não foi tentado já antes na história. A resposta a essa alegação é que ainda não houve uma ordem libertária, porque até agora era impossível ter uma. A causa disso é que, ao longo da história, os regimes se estabeleceram pela força e, assim que uma pessoa específica ou grupo de pessoas conquistou o poder, eles tentaram monopolizar a informação a seu favor. Desprovido de meios de comunicação e sob censura, o libertarianismo foi negado sua voz em contraste com a avalanche de teorias, opiniões e propaganda que justificavam e deificavam o Estado.

Ao longo da história, a informação era um monopólio. A maioria das pessoas não sabia ler nem escrever. Livros, panfletos e outros materiais de leitura estavam além do alcance do homem comum. Foi apenas no século XV, quando uma mudança significativa ocorreu com a imprensa baseada em letras móveis. Essa inovação reduziu drasticamente os custos das publicações. À medida que o material de leitura se tornava acessível, aprender a ler e a escrever tornou-se uma habilidade útil. Inventar a imprensa moderna acabou com a era do monopólio da informação.

No entanto, essa tecnologia da imprensa ainda era limitada para trazer uma inclusão completa. O que aconteceu não foi a universalidade da informação, mas um oligopólio informacional. Nos últimos séculos, algumas instituições detinham o poder em suas mãos. Um grupo de jornais, editoras, universidades e algumas estações de TV relevantes, e estúdios de cinema controlaram a mídia e garantiram o papel de alguns estados poderosos e instituições globais como detentores do poder. Com a Internet, esta situação está prestes a mudar, e a conversão será tão dramática quanto a que aconteceu com a mudança da era monopolista da informação para uma estrutura oligopolista.

Antes de Johannes Gutenberg inventar a imprensa com cartas móveis na primeira metade do século XV, a informação era um negócio de monopólio. O acesso à informação e sua distribuição confrontaram altas barreiras à entrada. Para aqueles fora da estrutura de poder dominante era impossível superar essas barreiras. Como os limites tecnológicos restringiam o acesso e o uso de informações, era fácil para os que controlavam o conteúdo e o acesso à informação. Controle sobre informação significa domínio sobre as pessoas. Esta constelação estabeleceu um sistema de energia que excluía grandes partes da população. Quando essas barreiras informativas caíram, o mundo começou a mudar como nunca.

As primeiras manifestações da nova estrutura de informação oligopolista foram o surgimento de grupos religiosos fora do catolicismo. Não é exagero dizer que sem a imprensa moderna, nem a Reforma nem a revolução científica, nem a revolução industrial, poderiam ter acontecido. A moderna 'economia do conhecimento' começa com a imprensa porque este instrumento era essencial para a disseminação do conhecimento para além dos pequenos círculos. A era moderna ainda não trouxe total liberdade. O mundo, como surgiu a partir do século XV, permaneceu um mundo de poder e controle autoritários.

Enquanto a antiga estrutura de monopólio desapareceu, não a liberdade, mas um oligopólio emergiu, o que permitiu a exclusão, embora de forma mais limitada. Não foi só na esfera religiosa que um oligopólio suplantou o monopólio, mas também na esfera da política e da ciência. Em quase todos os aspectos, o mundo moderno apresenta essas estruturas oligopolistas. Por exemplo, não há muito mais do que um punhado de países que representam as grandes potências, como é institucionalizado com os membros permanentes do Conselho de Segurança das Nações Unidas ou do G7. Quase a mesma estrutura oligopolista vale para teorias científicas, com ideologias dominantes ou com o grupo de universidades de alto prestígio. Os conflitos não diminuíram, mas aumentaram porque se tornou mais difícil estabelecer um monopólio da informação.

Uma feroz luta entre o oligopólio dos estados, partidos, teorias científicas, ideologias e religiões caracteriza a era moderna. Não uma era de liberdade e paz emergiu, mas um período de lutas atrozes entre os membros dos vários oligopólios, com cada um se esforçando para se tornar um monopolista. Agora, com as novas tecnologias da informação, essa luta dos membros do oligopólio de se tornar monopolista está desmoronando porque a nova paisagem informacional ganhou uma estrutura polipolísta onde não poucos participantes lutam, mas muitos fornecedores competem sem que ninguém tenha a chance de dominar o mercado.

***

Com o início da revolução industrial, a luta por impostos mais baixos tornou-se o principal conteúdo da revolução americana e francesa, com a consequente abolição da monarquia. No entanto, acabar com a monarquia não significava acabar com o Estado. A filosofia libertária experimentou seu primeiro grande florescimento na época da Revolução Americana. Na continuação dos pensamentos e teorias do liberalismo clássico, os panfletários americanos popularizaram a liberdade e a economia livres do Estado e prepararam o caminho para a independência americana. O liberalismo clássico queria promover a liberdade individual e minimizar e eliminar o Estado como inimigo do individualismo e da liberdade.

O programa político do velho liberalismo pedia o nível mais baixo de impostos e queria eliminar as regulamentações econômicas. O objetivo do liberalismo era libertar o indivíduo dos grilhões e fardos do Estado tradicional e de suas invasões absolutistas e autoritárias. Um desmembramento entre a aliança do trono com os mercadores e a igreja era a intenção do movimento liberal. Separar essas esferas significava diminuir o papel do governo e da igreja alinhada pelo Estado. Além de promover a paz, uma parte essencial do projeto liberal era reduzir o tamanho e o poder do estado. A principal arma dos liberais na batalha contra o Estado foi a luta por impostos mais baixos. Mas ainda não havia tempo para o pleno estabelecimento de uma ordem anarco-capitalista e do reinado do 'sistema óbvio e simples de liberdade natural' como Adam Smith o colocou.

Juntamente com o liberalismo clássico na Inglaterra, o libertarianismo americano ficou sob a autoridade do Estado como promotor do que hoje em dia é chamado de '*liberalism*'. Essa moderna estrutura liberal - ou melhor, política 'socialdemocrata' está muito distante das ideias originais do liberalismo clássico e, em alguns aspectos, é o oposto. Em vez de ter menos Estado, a democracia liberal vem com mais intervenção; em vez de mais liberdade individual, o sistema atual estendeu seu controle sobre o indivíduo. Mesmo aqueles países que haviam se livrado da monarquia, sofreram com a restauração do Estado.

Murray Rothbard ("Para uma Nova Liberdade. O Manifesto Libertário, p. 12) explica que no século XIX "estatismo e grande governo retornaram, mas desta vez exibindo uma face pré-industrial e pró o Estado de bem-estar geral. A Velha Ordem retornou, mas desta vez os beneficiários foram embaralhados um pouco; eles não eram tanto a nobreza, os latifundiários feudais, o exército, a burocracia e mercadores privilegiados quanto o exército, a burocracia, o senhorio feudal enfraquecido e, especialmente, o fabricante privilegiado. Liderada por Bismarck na Prússia, a Nova Direita criou um coletivismo de direita baseado na guerra, no militarismo, no protecionismo e no cartelização compulsória dos negócios e da indústria - uma rede gigantesca de controles, regulamentos, subsídios e privilégios que forjaram uma grande parceria. Um grande governo com certos elementos favorecidos nos grandes negócios e na indústria".

Em comparação com a regra monárquica, as coisas pioraram. Os novos Estados 'democráticos' não apenas gastavam mais, taxavam mais e regulavam mais, mas também se tornariam mais agressivos. As revoluções democráticas deram origem a três monstros venenosos: nacionalismo, imperialismo e socialismo. Na medida em que as massas tinham que ser convencidas de que este novo Estado nacionalista intervencionista era melhor para as pessoas do que um Estado mínimo e mercados livres, manipular a opinião pública agora seria papel fundamental.

Com o desaparecimento dos eclesiásticos como os principais moldadores do credo público, surgiu a ascensão do intelectual moderno: "a nova geração de escolares, doutorandos, historiadores, professores e economistas tecnocratas, assistentes sociais, sociólogos, médicos e engenheiros" (Rothbard, op. cit., p. 14). Em vez de ter seu comportamento guiado por padres, o público crédulo agora se rendeu à regra dos 'especialistas', dos tecnocratas, como a nova elite que alegou não falar em nome de um Deus, mas como os discípulos da 'ciência.

Até a era da Internet, o acesso a informação plena e rápida ainda era limitada. Embora não foi mais necessário tornar-se membro do clero, mas para obter acesso ao conhecimento, era preciso passar pelo sistema escolar e universitário controlado pelo Estado. Contra essa massa de informações controladas pelo Estado, as vozes da liberdade não tinham chance.

Morte dos Porteiros

A imprensa permitiu a produção e distribuição de livros e panfletos e tratados científicos com custos muito mais baixos do que antes da revolução gutenbergiana. Isso, por sua vez, encorajou a alfabetização. Mas o processo de alfabetização em si, na forma de educação pública, tornou-se um sistema de controle. O acesso ao conhecimento tornou-se mais amplo, mas permaneceu restrito, manipulador e concentrado. Na entrada do acesso do conhecimento estavam os porteiros. Seja estudar numa escola ou na universidade, o participar em grupos religiosos ou partidos políticos, a estrutura oligopolista do poder exigia o controle da admissão aos domínios do conhecimento. Não é surpresa, por exemplo, que ingressar em um partido político seja quase como ingressar em um grupo religioso. Subir nas fileiras de um partido político não é muito diferente de fazer uma carreira em uma ordem religiosa e os dois caminhos não são muito diferentes de uma carreira intelectual. Os porteiros das áreas de conhecimentos são notórios em excluir verdades indesejáveis e abortar novas abordagens que desafiam a sabedoria convencional.

A ascensão da Internet marca o fim dos porteiros. Antes da revolução da informação, a predominância de estruturas oligopolistas era onipresente, como mostra, por exemplo, o oligopólio das estações de televisão. Agora, com a Internet, a multiplicidade de pontos de venda engloba toda a mídia. As novas formas de comunicação dissolvem as estruturas antigas. Um resultado dessa transformação revolucionária é que a restrição informacional acabou. O acesso e a distribuição de informações estão enfrentando poucas barreiras enquanto as liberdades básicas ainda prevalecerem.

A revolução da mídia tem um lado técnico e um lado sociopolítico. No passado, a tecnologia servia como instrumento de exclusão, agora pode servir como meio de inclusão. Os tempos de transição são turbulentos e esse é também o caso da nova mídia. Grande parte do que agora parece perigoso, no entanto, como a aparente ausência de filtros informacionais e de um chamado controle de qualidade, parecerá, no futuro, tão inconsequente quanto é agora com o Índice de livros proibidos do passado e o *'imprimatur'* da Igreja Católica.

A atual revolução informacional com a Internet em seu centro trabalha em favor da liberdade. Ao contrário do passado, quando a mídia servia a grupos específicos para impor sua vontade ao resto da sociedade, a revolução da Internet faz o contrário. Em vez de ser instrumental para um grupo limitado em seus esforços para manter seu governo, a Internet desafiará a concentração de poder. Nesse sentido, a atual revolução é uma revolução libertária. Sua primeira conquista é dissolver as posições de poder. Este processo já está em pleno andamento.

Apenas algumas décadas atrás, era caro divulgar informações. O produtor de informação precisava de uma estação de TV ou uma emissora de rádio, por exemplo, ou teve que lançar uma revista ou um jornal. Hoje em dia, a Internet permite o armazenamento em todo o mundo e a disseminação de ideias a custos negligentes.

As antigas barreiras estão desmoronando. Consequentemente, não há mais uma limitação na variedade de assuntos a serem tratados. Antes da revolução da informação, os provedores - sejam canais de notícias, jornais acadêmicos ou vendedores de livros - eram obrigados a concentrar seu suprimento no meio da curva de distribuição para alcançar a maioria dos clientes. Por causa do espaço limitado, o fornecimento foi restrito. Hoje em dia, com espaço de armazenamento quase ilimitado, a oferta se estende às longas caudas da distribuição. Com a revolução da Internet, os custos de disseminação de novas ideias caíram quase a zero. Da mesma forma, o acesso à informação tornou-se quase sem custo.

A consequência da presente revolução informacional é um aumento da massa de informações juntamente com uma imensa diversificação. Este fenômeno varia de música para textos acadêmicos. Massa e diversidade são as marcas da rede mundial. No passado, sempre houve um trade-off entre distribuição e diversidade. Para manter um tabloide com ampla circulação, por exemplo, o conteúdo tinha que se concentrar nos temas mais populares. Agora, livre dos porteiros e com espaço ilimitado, os tópicos especiais encontram um mercado. No passado, o poder estava concentrado nas mãos dos porteiros.

Os guardas decidiram o que era "correto" e o que era "falso", o que publicar e o que não. O sistema de porteiros incluía os editores nas emissoras de TV e jornais, os árbitros das revistas científicas e os tomadores de decisão nos ministérios da educação, juntamente com todas as outras 'autoridades', cuja tarefa era cuidar da 'verdade - que na maior parte não era nada mais do que esconder as verdades do público por causa dos interesses do poder e por causa de preconceitos.

Sem os porteiros e com um espaço quase ilimitado disponível, a diversidade está se espalhando pelas novas mídias e cabe ao usuário individual julgar o conteúdo e decidir se vale a pena o acesso. No passado, os guardiões da mídia exercem seu poder *ex officio* como uma atividade autoritária. Reivindicando esse papel, o argumento era manter 'padrões de qualidade', mas isso era um pretexto, dado que o impedimento era o espaço limitado que tornava indispensável o rastreamento. Diferentemente de uma plataforma eletrônica de livros, os prédios da biblioteca de tijolo e argamassa têm espaço limitado. A mídia moderna remove essas restrições e torna o tempo de acesso mais flexível. O novo mundo da informação tornou-se um mundo sem grandes barreiras onde a heterogeneidade governa a homogeneidade.

Rumo ao novo mundo da liberdade

A era oligopolista da história moderna está acabando. O domínio de poucos está chegando ao fim. Quando as barreiras são baixas e quase inexistentes, a supremacia está diminuindo. No entanto, as antigas autoridades ainda buscam manter e recuperar seus privilégios informacionais. No entanto, quando alguns governos desligam a Internet ou limitam o acesso, eles minam sua legitimidade e destroem a produtividade de suas economias. Os governos que abandonarem a rede global de informações e desligarem seus cidadãos empurrarão seus países para um abismo econômico e não conseguirão manter seu governo.

Os sistemas políticos fechados são capazes de copiar tecnologias estabelecidas, mas têm dificuldade em desenvolver novas tecnologias. Ao mesmo tempo em que as barreiras à distribuição de informações e opiniões não-conformistas caem, os custos para manter as instituições estabelecidas estão em ascensão. Escolas e universidades, hospitais e meios de comunicação, juntamente com a manutenção dos gastos em guerra social, enfrentam uma avalanche de custos que arruinarão os estados que tentam continuar como no passado.

O Estado como o conhecemos desaparecerá. Desta forma ou de outra: ou por transformação voluntária ou por colapso financeiro. A questão é se a velha ordem vai cair com sangue e lágrimas ou fazer pacificamente caminho para a nova liberdade. As fundações da nova revolução da informação são firmes. Diferente do passado, desta vez os fundamentos promovem a liberdade e a diversificação. A era do liberalismo autêntico chegou. Enquanto no passado, a mídia favorecia regimes autoritários e totalitários porque tanto a imprensa quanto o rádio e a televisão permitiam o controle hierárquico, a rede global de informações favorece o livre acesso e a distribuição em escala global. Esta constelação irá limitar e tornar impossível a instalação e manutenção de regimes totalitários. Implementar controles rígidos sobre a mídia é difícil. Há muitas chances de que a nova época da história mundial se torne uma era de libertarianismo.

O libertarianismo como filosofia política não tem, por natureza, o objetivo da dominação pela exclusão como todas as outras ideologias políticas têm. O libertarianismo promove o pluralismo, a diversificação e a inclusão. Nesse sentido, as novas mídias e a Internet são compatíveis com a filosofia política libertária. Essa novidade representa uma singularidade histórica. Embora os riscos possam parecer pequenos de que um regime totalitário global surgirá em breve, é preciso levar isso em consideração e responder a ele com um forte argumento de voz em favor de uma revolução libertária.

Tirar o poder do Estado é uma necessidade moral diante da perspectiva de que as novas tecnologias colocariam nas mãos do Estado um imenso arsenal de vigilância e controle, para que um futuro regime totalitário pudesse exercer controle total sobre o indivíduo e produzir o terror extremo. Portanto, estabelecer uma ordem anarco-capitalista é uma questão de dignidade humana. O que precisa ser feito como passos práticos para estabelecer uma nova ordem de liberdade é, primeiro, uma mudança do sistema de seleção dos representantes através de uma loteria, chamada 'demarquia' ou seleção por sorteio (*sortition*).

Resumo

Para ganhar a opinião pública, o libertarianismo deve apresentar-se como um movimento voltado para frente, cujas origens são as rebeliões contra o autoritarismo, a ditadura e o totalitarismo. Libertários devem denunciar o socialismo como antiquado, estagnado e retrógrado. Libertários devem ridicularizar o socialismo como a superstição da era moderna. O libertarianismo não é nem um movimento conservador nem é libertino. O inimigo do libertarianismo é poder. O objetivo do anarco-liberalismo é a liberdade e seus meios são pacíficos.

O libertarianismo como governo e como uma ordem econômica anarco-capitalista está na melhor tradição intelectual e, como tal, tem sido a ponta de lança do melhor que a era moderna tem a oferecer. O libertarianismo representa os elementos da modernidade que são sólidos e éticos. Libertários devem convencer a opinião pública de que o anarco-capitalismo é um sistema de governança dos mais altos padrões de posição intelectual e ética. O anarco-capitalismo é o caminho para a liberdade e a prosperidade.

Os promotores do anarco-capitalismo devem nutrir a perspectiva de que uma ordem anarco-capitalista será um mundo de abundância. Os libertários devem convencer o público de que, sob uma ordem anarco-capitalista, os salários líquidos subiriam, primeiro, porque haveria muito menos impostos e contribuições a pagar e, segundo, por causa do aumento da produtividade. Além disso, a compra de dinheiro aumentaria por causa da queda dos preços. Sob uma economia anarco-capitalista, um aumento generalizado da riqueza generalizada acontecerá - e isso seria apenas o começo.

Os anarco-capitalistas devem propagar a percepção de que produzir os chamados bens públicos não é apenas ineficiente, mas também inútil. Além de ser cara, grande parte da educação e medicina estatal não é apenas supérflua, mas também prejudicial. As forças armadas não são necessárias porque as pessoas são más, mas porque existem estados administrados por psicopatas.

IV.

DEMARQUIA (ESCOLHA POLÍTICA POR SORTEIO)

IV. Demarquia - escolha política por sorteio
- DO que é demarquia?
- Etapas institucionais
- Órgãos
    Órgãos Básicos de uma Demarquia
    A Assembleia Geral e a Executiva
    Rotação dos membros da Assembleia
    Cronograma das etapas
Resumo

"Demarquia" - também chamado de "classificação" - é uma forma de governança que seleciona os representantes das pessoas como uma amostra aleatória de um grupo de candidatos. A governança, selecionando os representantes das pessoas por meio de loteria, em vez de eleições, pode olhar para trás, para uma história venerável. Para Aristóteles (384 - 322 a. C.), selecionar os representantes políticos do povo por sorte em vez de votar distingue a democracia do domínio oligárquico: "Então é ... democrático ocupar os cargos por sorteio e para a oligarquia por voto" (Aristóteles, Política, IV, 9, 1294b 7-9). Da mesma forma, para Montesquieu (1689-1755), o procedimento de loteria corresponde à "natureza da democracia" ("O espírito das leis" - 1748).

Na antiga polis grega, para o "Grande Conselho dos 500", bem como para juízes e para alguns funcionários do Estado, a seleção ocorreu pelo lote - como ainda é parcialmente o caso na Suíça. Na República de Veneza, o procedimento de seleção para o governo e seus membros usou a loteria de várias maneiras. Até o século XVII, a Inglaterra também praticava o sistema de loteria. Hoje, a tecnologia moderna oferece a possibilidade de aplicar procedimentos de seleção aleatória a grandes populações.

O que é "demarquia"?

As seguintes vantagens da demarquia são evidentes:
- Alto grau de legitimidade popular
- Independência dos representantes
- Ausência de corrupção
- Nenhum partido político
- Representação por pessoas normais em vez de candidatos a poder político
- Eliminação dos custos das campanhas eleitorais
- Redução do custo global do aparelho político
- Leis compreensíveis
- Fim da inflação de leis, regras e regulamentos
- Minimização do estado (menos gastos do governo, menores impostos).

Críticos de demarquia afirmam que um parlamento, cujos membros são selecionados por acaso, tem menos experiência do que um parlamento eleito, e que isso aumentaria o poder da burocracia. A verdade, no entanto, é que o conhecimento específico que está presente nas assembleias existe em saber como ganhar e exercer o poder, e falta de competência política. Ainda mais, o atual sistema de política partidária levou a uma enorme burocracia e a um aumento maciço do poder do aparato estatal. Os partidos políticos e o aparato burocrático cooperam para maximizar seu poder, o que eles alcançam tendo mais estado, não menos.

O esquema da esquerda para a direita para denotar a posição de alguém no espectro político é um dispositivo perigoso. Limitar o espectro político à "esquerda" e "à direita" engana pela sua simplicidade. Deixa uma grande área aberta no centro, na parte superior e na parte inferior. Uma distinção melhor do que "esquerda" e "direita" é "autoritária" e "libertária".

Para a filosofia libertária, a propriedade pessoal é um direito natural. Implica o direito de ser livre de agressão por outros, incluindo o estado. Para os libertários, "liberdade" não significa que se possa fazer como se gosta, mas que cada indivíduo, como pessoa, possui a si mesmo e tem o direito natural de estar livre de agressões. Consequentemente, toda interação social legítima deve ser voluntária. A banda social que mantém os indivíduos juntos é reciprocidade, seja na forma de troca econômica, seja por amizade, amor e simpatia.

A posição libertária não é nem esquerda nem direita nem centrista. Vai além do credo "liberal" e "conservador", ao se opor ao autoritarismo. O libertarianismo também rejeita a distinção entre liberdade pessoal e econômica, porque a liberdade econômica é indispensável para a liberdade pessoal, e não há liberdade econômica sem liberdade pessoal.

Em termos de graus de participação do povo (vertical) e a extensão do poder do estado (horizontal), "demarquia" é o sistema de governança, que representa o nível mais alto de participação com o mínimo de poder estatal (segmento superior direito).

Demarquia no sistema de governança

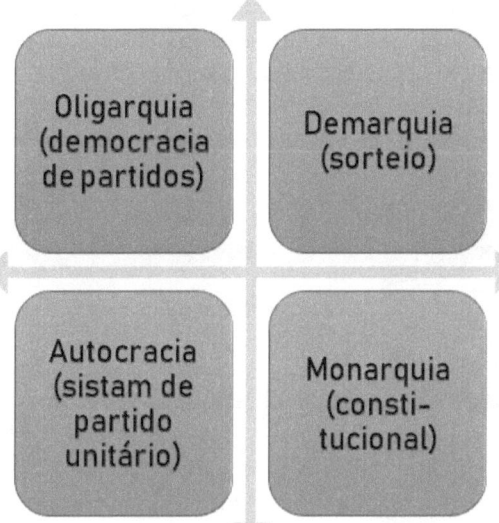

Um sistema de eleições para partidos políticos é uma oligarquia e, portanto, embora permita uma participação popular limitada, tem um poder estatal muito maior do que a demarquia.

A monarquia e a autocracia têm menos participação do que a oligarquia e a demarquia.

A autocracia tem a menor participação combinada com o mais alto grau de poder estatal. Agenda de Políticas

A revolução libertária é uma revolução suave sem violência. Isso é e fará a grande diferença entre a ordem anarco-capitalista e todas as outras formas de governança. Para que a revolução libertária tenha sucesso, não se deve "tomar o poder", mas conquistar a opinião pública pela persuasão.

Etapas institucionais

Com o apoio público a uma mudança na estrutura da democracia partidária, o primeiro passo seria complementar o sistema atual com uma câmara adicional. Nesta câmara - uma espécie de "Senado" - os membros escolhidos pelo lote teriam direitos de veto sobre as decisões tomadas pelo parlamento (Congresso) e pelo governo (presidência), incluindo o judiciário (Suprema Corte).

Etapas institucionais em direção a um governo libertário

Esse "quarto poder" é a "voz do povo". Embora ainda não seja um governo e um legislador, o "Senado" composto por membros escolhidos por sorteio tem o direito de impedir as invasões do governo e da burocracia estatal por causa do poder de veto que detém.

O próximo passo seria criar uma "Assembleia Geral" para servir como o principal corpo legislador. A Assembleia deve ser grande o suficiente para representar o povo. Para esse efeito, deve incluir pessoas selecionadas aleatoriamente entre o círculo eleitoral. Estabelecer a Assembleia Geral requer uma reforma das leis eleitorais. Para conseguir isso, os libertários devem obter uma maioria no parlamento existente (Congresso). O passo final na reforma da estrutura do Estado é adicionar um órgão supervisor e um executivo da Assembleia.

O cenário institucional resultante incluiria três órgãos: a Assembleia Geral como representante do povo e o legislador principal, o Órgão de Supervisão como um comitê especial para supervisionar o ramo executivo que gerencia os assuntos atuais da organização política.

O caminho para a demarquia

Institucionalização deum"Senado"compos de membros escolhido por sorteio com poder de veto contra os poderes vigentes

Senado aplica seu pode de veto contra a expansão do Estado e da burocracia

A opinião pública apoia a legislação para iniciar a institucionalização de uma Assembleia Geral baseada em sorteio iniciado a

A composição da Assembleia Geral resulta de uma seleção por lote, de acordo com o princípio de "um cidadão cada lote". Esta assembleia legislativa deve ser grande o suficiente para fornecer uma amostra representativa do povo. Um sexto da Assembleia deve mudar de forma rotativa, a cada três meses, para que cada membro selecionado tenha um assento por vinte e quatro meses. A Assembleia Geral é o órgão supremo para a promulgação das leis.

A Assembleia Geral escolhe entre si um órgão de fiscalização formado por aqueles com 18 meses de serviço e seis meses para nomear e supervisionar o governo. O Órgão de Fiscalização nomeará, com o consentimento da Assembleia, pessoas qualificadas para atuar no ramo executivo na forma de uma empresa privada de administração do governo.

Órgãos

A composição da Assembleia Geral como o principal órgão legislativo é o resultado de uma seleção aleatória, de acordo com o princípio do sufrágio universal. A Assembleia Geral deve ser grande o suficiente para fornecer uma amostra representativa do eleitorado. Estatisticamente, por exemplo, várias pessoas que se encaixam em uma grande sala de concertos são adequadas para representar uma população de cinco milhões diante de várias centenas de milhões, a uma margem de erro aceitável e de alta confiança, de modo que também os países populosos poderiam ter uma demarquia. embora o ideal para a demarquia fossem países pequenos.

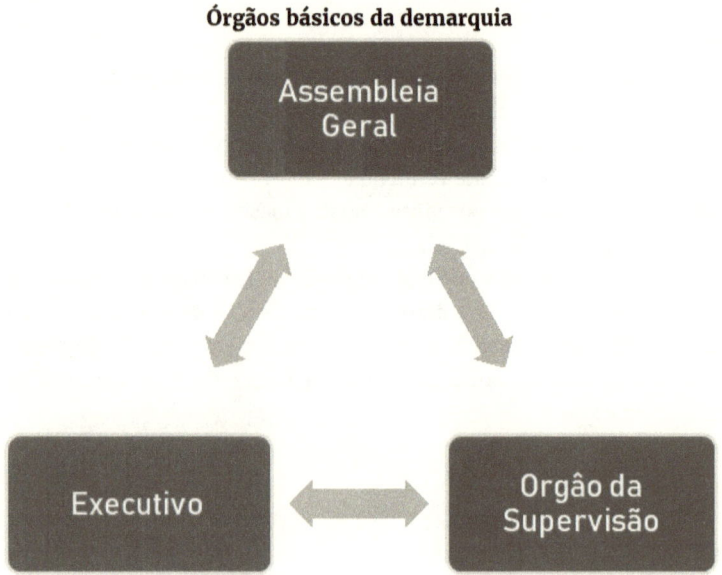

Órgãos básicos da demarquia

Um quarto da Assembleia muda de forma rotativa a cada seis meses, de modo que cada membro selecionado terá um assento por dois anos. A cada seis meses, um quarto do tamanho da Assembleia entra, enquanto um quarto sai depois de ter servido por dois anos na Assembleia.

O grupo como o corpo de cidadãos que têm o direito de participar da classificação deve ser amplo. Pode-se deixar aberto para debater a situação individual de um país quanto ao seu tamanho e heterogeneidade - se os membros do eleitorado são os mesmos para as eleições gerais ou se devem ser mais restritivos e incluir apenas as pessoas que se registram como candidatas e que atendem a critérios específicos. Como a demarquia também serve para selecionar os representantes no nível dos estados individuais de uma federação e para os municípios, há amplo espaço para experimentação com diferentes esquemas.

A Assembleia Geral e a Executiva

Como o serviço na Assembleia Geral é de 24 meses, a cada seis meses um quarto dos membros sai, enquanto um novo grupo do mesmo tamanho entra como os novos membros da Assembleia. Antes da entrada de um novo grupo, um quarto da Assembleia teria servido 24 meses, um quarto 18 meses, um quarto 12 e um quarto e mais um quarto teria servido seis meses.

Cronograma da Afiliação na Assembleia Geral

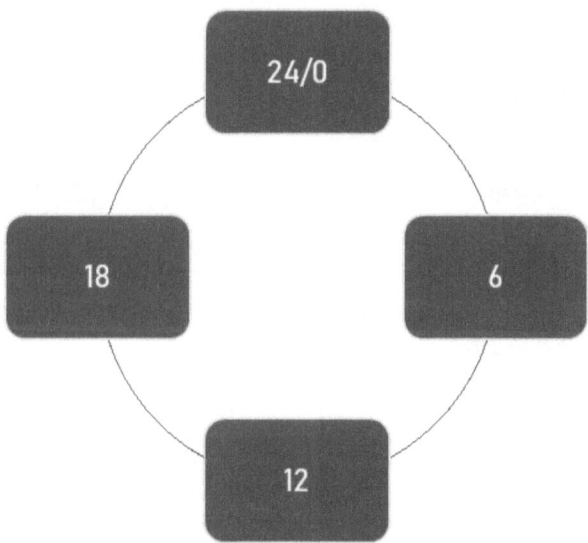

Após cada nova seleção, a Assembleia existe de quatro grupos com os novos membros com 24 meses para servir, enquanto o grupo que sairá terá mais seis meses para ir. Em termos de tempo de serviço, a Assembleia é composta por quatro grupos após uma nova seleção, com o novo grupo com zero meses de serviço e o grupo com mais de 18 meses de associação.

Cronograma das etapas

Medidas imediatas
- Fim da expansão da oferta monetária
- Parar a expansão dos gastos do governo
- Suspender o aumento de impostos e contribuições
- Parar as regulamentações públicas
- Parar de contratar funcionários públicos

Medidas Intermediárias
- Abra os mercados financeiros para serviços bancários gratuitos
- Reduza os gastos do governo
- Cortar impostos e contribuições
- Reduzir os regulamentos
- Diminuir o emprego estatal Medidas a longo prazo
- Remover o dinheiro do Estado
- Erradicar os gastos do governo
- Eliminar impostos
- Minimizar as regulamentações
- Minimizar o emprego público
- Privatizar os tribunais
- Privatizar a polícia
- Privatizar a defesa
- Terceirizar o governo

Etapas

Medidas imediatas	Medidas intermediadas	Medidas de longo prazo
Congelar base monetária	Apertura dos mercados financeiros para 'free banking'	Remover dinheiro estatal
Parar aumento dos gastos do governo	Cortar gastos do governo	Eradicar gastos do governo
Veto contra novas regulamentações	Pasos para eliminar regulamentações	Eliminar impostos e contribuições
Para de contratar mais servidores públicos	Redução do emprego estatal	Privatizar tribunais judiciais e a segurança externa e interna

A Assembleia Geral é o órgão supremo para a promulgação das leis. Escolhe entre si um órgão de supervisão que nomeará o governo. O órgão fiscalizador existe do grupo dos membros mais antigos da Assembleia Geral, que é o grupo que sairá daqui a seis meses para retornar à vida civil. O Órgão de Fiscalização contratará, com o consentimento da Assembleia, pessoas qualificadas de fora para atuar como o Executivo.

O órgão supervisor da Assembleia Geral supervisiona e controla as atividades do Executivo. O órgão de supervisão contrata uma empresa de gestão privada do governo para atuar como executiva. Como tem sido o caso do policiamento e da arbitragem privados, as empresas privadas de administração do governo surgirão sob uma ordem libertária. Esses privados as empresas do governo oferecerão seus serviços primeiro na comunidade local e no nível municipal, de onde as melhores empresas se expandirão para o estado e o nível do estado central.

O pessoal dessas firmas de administração do governo privado será formado por profissionais que, diferentes dos governos do passado, prestarão seus serviços sob estrita supervisão da Assembleia. Empresas privadas de administração governamental empregarão profissionais de pleno direito. Seu serviço será mais barato e melhor do que os governos recrutados de partidos políticos. Além disso, muito menos pessoal será necessário sob a privatização em comparação com os serviços públicos de hoje - não apenas porque as empresas são privadas e, portanto, mais eficientes, mas também porque, sob uma ordem libertária, o escopo das atividades estatais diminuirá drasticamente. A lei e a ordem serão mantidas a custos mais baixos e com menos invasão das liberdades pessoais.

Quando uma comunidade estabelece uma câmara, cujos membros são selecionados por sorteio como um acréscimo à estrutura existente de governo, a "câmara do Senado" deve usar seu direito de veto para impedir todas as medidas que expandam o Estado e sua burocracia. Depois de estabelecer a Assembleia Geral como o principal órgão legislativo, medidas intermediárias devem ser tomadas para reduzir o Estado e sua burocracia. No longo prazo, a tarefa de estabelecer uma ordem anarco-capitalista requer a remoção do dinheiro do Estado, a eliminação dos gastos públicos e a eliminação de todos os impostos e contribuições, a eliminação das regulamentações públicas e do emprego público e a privatização dos tribunais e defesa.

Resumo

Sem tirar o poder das mãos dos políticos profissionais, o libertarianismo não tem chance de se tornar uma realidade. Portanto, a demarquia é um passo necessário para uma ordem anarco-capitalista. Para que isso aconteça, uma mudança da ideologia predominante deve ocorrer. Libertários devem transformar a opinião pública em favor da demarquia, a seleção dos representantes do povo pelo lote. Para este propósito, os libertários devem se referir ao vasto número de exemplos atuais e históricos da tolice, idiotice e brutalidade de uma liderança, que é selecionada pela força e pelo voto. A crueldade e vingança desses governantes contrasta fortemente com o que a liderança sob demarquia seria. A maioria das pessoas verá que quando as pessoas normais são os governantes, os horrores que vieram com uma liderança política que chega ao poder pela força e pelo voto são coisas do passado. Juntamente com a pesquisa e a documentação do comportamento passado e presente dos políticos profissionais, os libertários deveriam apoiar e estender todas as formas de ridículo para lançar sobre os processos políticos eleitorais.

Quanto à teoria, os defensores do modelo econômico anarco-capitalista não deveriam enfatizar tanto sua lealdade às raízes históricas do programa, mas enfatizar que seus representantes têm marchado na linha de frente do progresso humano.

Os empreendedores devem abandonar sua aliança com o Estado como eles o praticaram na era do capitalismo corporativo. O estado é um parceiro malvado. No futuro, além de ser malicioso, o estado se tornará impotente por falta de recursos. A confiança no estado é uma questão perdida. Sob o capitalismo de estado, empresas individuais ganham vantagens especiais com a ajuda do estado ao custo da comunidade empresarial. Isso não é apenas antiético, mas também antieconômico. Os empresários devem formar uma nova aliança. Seu parceiro de direito não é o estado, mas o movimento libertário. Em vez de jogar dinheiro na boca de políticos corruptos, a comunidade empresarial faria bem para o seu próprio futuro e a prosperidade de todos, se eles financiassem o movimento libertário.

Um campo amplo e fecundo de projetos intelectuais exige esforços não apenas de economistas e juristas, mas também de historiadores libertários, cientistas políticos e sociólogos e de outras disciplinas, incluindo teologia e psicologia. A pesquisa nessas áreas precisa de um novo foco: não mais como elogio do Estado e de seus líderes, mas, pelo contrário, revelando o fracasso do Estado e de seus líderes. Neste grande esforço para criar um mundo melhor e salvar a humanidade da tirania, todos têm um papel a desempenhar. O trabalho deve começar agora porque um longo caminho está à nossa frente.

Antony P. Mueller

V.

UM NOVO AMANHECER

V. Um novo amanhecer
- Romper os grilhões do fracasso
- O falso ideal do socialismo cubano
- Sair do estatismo
- Emprego e produtividade
- Uma época de prosperidade, liberdade e progresso

Muitos países da América Latina e o Brasil em especial aparecem como uma família com uma grande quantidade de riqueza herdada que promove um comportamento como se não houvesse amanhã. No entanto, algum dia essa família acorda com o fato de que sua riqueza foi desperdiçada e suas contas financeiras estão no vermelho. Na América Latina é quase uma tradição o fato que os governos gostam de ignorar que a ascensão da conjuntura seria temporária. Para se adaptar à nova situação e reduzir os gastos, os governos fazem o oposto e gastam ainda mais. É assim que o ciclo de negócios do tipo de voo de galinha é produzido.

Antes de uma eleição tudo será prometido e depois da eleição nada será cumprido. A crise é séria em si mesma, mas seu impacto psicológico se torna mais severo devido ao impacto da decepção. Em parte, esse choque também se aplica aos observadores estrangeiros e investidores que compraram a propaganda dos governos. Pior ainda, a recuperação sempre demora muito mais do que geralmente se supõe. A razão para uma perspectiva pessimista vem do fato de que a crise não é apenas econômica, mas também política por natureza. Há muita frustração no país porque não existe uma alternativa promissora à vista. Assim a história econômica da América Latina tem sido uma montanha russa há séculos. As fases de booms extraordinários foram seguidas por longos períodos de crise e estagnação.

Romper os grilhões do fracasso

Na segunda metade do século XX, o boom dos anos 50, com a promessa de que a região américa-latina alcançaria crescimento e desenvolvimento industrial, acabou em várias ditaduras militares, e na revolução socialista em Cuba, uma ditatura socialista abortada no Chile e um plano fracassado de instalar o comunismo no Brasil. O recente ciclo de recursos naturais beneficiou o Brasil em particular, mas quase nada foi feito em preparação para quando os impulsos do exterior acabarem. A história se repetiu. O governo do partido dos trabalhadores (PT) não aproveitou da oportunidade para realizar as reformas necessárias. Em vez de usar os bons momentos que encheram os cofres do tesouro brasileiro para realizar as reformas necessárias, o governo trabalhista adotou uma política populista de gastos sociais generosos.

Agora, essas conquistas de redução da pobreza e da desigualdade estão ameaçadas devido à falta de recursos financeiros. Isso significa que os países da América Latina enfrentam novamente não apenas uma crise econômica e política, mas também uma crise social. A confluência de uma crise tripla deste tipo aumenta os riscos que quando um deles se agravar vai ampliar a crise no total porque cada crise individual afeta negativamente as outras crises. A consequência corrente da crise econômica-política é tornar-se uma crise social e agravar as perspectivas de sair da crise econômica.

Triângulo das crises

Uma outra esperança - de que um novo centro de crescimento ocorrer com o BRICS - também terminou. Os BRICS não conseguiram operar como um grupo coerente. Agora, não só o Brasil está em crise, mas também a Rússia e a África do Sul. Até mesma Índia e a China estão em águas turbulentas. As perspectivas dos BRICS como um grupo que desempenha um papel importante nos assuntos mundiais diminuíram ainda mais. O BRICS nunca foi um grupo coerente. Hoje tem ainda menos coerência.

É semelhante com o MERCOSUL, o projeto de mercado comum na América Latina. Em vez de alcançar o livre comércio, os conflitos comerciais estão aumentando e nem uma única instituição supranacional se tornou efetiva.

Ainda existem grandes barreiras mentais e ideológicas que trabalham contra a prosperidade sustentada na região. O domínio ideológico de grandes faixas dos países na América Latina são estatismo, socialismo e intervencionismo. Estas ideologias estão presentes em todas as camadas da sociedade, não apenas na política ou na academia, mas também na própria comunidade empresarial. A burocracia é um pesadelo sem fim. A tributação é alta, complicada e traz pouco desempenho. O sistema de educação pública está em ruínas. O sistema legal não pode lidar com um enorme acúmulo de casos não resolvidos, enquanto, ao mesmo tempo, juízes e outras autoridades legais desfrutam de privilégios grandiosos.

Especialmente no Brasil, os salários no judiciário são astronômicos em comparação com o que uma pessoa média ou as partes mais pobres da sociedade ganham. O setor público em geral é extremamente ineficiente e é uma bonança daqueles que estão no governo ou podem viver às custas do estado. Não se pode esperar que esses obstáculos sejam resolvidos nos próximos anos. Eles são parte da "armadilha da renda média", já que aparentemente eles não podem mudar de um sistema estatista para um sistema de livre mercado. Há muitos interesses, tanto na política quanto nos negócios estabelecidos, que impedem a mudança do capitalismo de Estado para um capitalismo corporativo. Somente com base em uma mudança fundamental de ideologia em favor dos mercados e da liberdade individual e comercial, os países obterão prosperidade a longo prazo.

O movimento libertário está ganhando força, mas muito ainda está na frente para fazer. Há muita boa vontade, grandes esperanças, mas ainda muita dedicação séria e extrema diligência trabalhando no movimento libertário da região. Se esta tendência continuar, as paredes que cercam a ideologia estabelecida finalmente entrarão em colapso. Qualquer um com uma mente alerta deve ver que o estatismo falhou; que as ideias do socialismo e do intervencionismo são estéreis e produzem principalmente frustração, estagnação e crise. O movimento libertário é a nova vanguarda; seus membros são os verdadeiros "progressistas". A mídia eletrônica moderna ajuda a acelerar sua ascendência para influenciar e reconhecer. A crise atual será um novo alerta para os jovens reconhecerem que é o futuro deles que está em jogo se o Brasil continuar em seus velhos tempos. Quanto mais e mais pessoas jovens se juntar ao movimento libertário, em algum momento no futuro vai atingir uma massa crítica e as coisas mudarem se consegue sobressaltar o capitalismo estado e a atração fatal do socialismo.

O capitalismo de Estado populista prevalece em quase todas as partes do subcontinente, embora em uma região em certos momentos, menos em outros. Muitos dos males que alguns cidadãos retornam ao estado ou à política, e, finalmente, especialmente no "capitalismo", que é cultivado pelo fato de que os mesmos cidadãos que requer dos políticos, que então se queixa de que eles não entendem isso do governo. Como crítico do estado, o francês Frédéric Bastiat (1801-1850) disse uma vez que o estado moderno é a "grande ficção de que todos lutam para viver à custa de todos". Com esta definição, o conteúdo do capitalismo de Estado populista.

Como consequência, os orçamentos em quase todos os países enfrentam um déficit. O processo político trabalho segundo o esquema de ganhar as eleições com slogans populares. Tarde demais amanhece nos eleitores o insight que estes políticos quando estão no governo, nunca podem cumprir o que prometeram na campanha eleitoral. Então vem o próximo começo e novamente tudo termina como de costume. Cada nova rodada enfraquece o setor privado e coloca mais e mais pressão sobre os ativos econômicos. Como resultado, o crescimento econômico enfraquece, depois vem a estagnação. Em um sistema caracterizado pelo populismo, os políticos só podem obter o poder do governo se adotarem a economia produtiva e distribuírem lucros roubados de acordo com cálculos políticos. Assim o estado moderno está lutando em uma ambivalência contínua com muito governo, por um lado - então a economia produtiva é menor - e muito pouco populismo do outro lado - então vem a política não para o curso. O custo do capitalismo de Estado populista é enorme. Isto fica bastante claro quando se considera em que medida os países emergentes foram arrastados por este sistema para o abismo.

A Argentina, por exemplo, foi um dos países mais ricos do mundo desde o século 19 até meados do século XX. Então o país entrou no vórtice do populismo extremo. Juan Domingo Perón (1895-1974), com sua política de redistribuição e intervencionismo, começou a destruir o país passo a passo. Em seu trabalho de destruição, eles encontraram uma grande reverência na população, que ainda é sentida hoje, apesar do fato de que hoje há apenas um monte de lixo deixado da economia que já foi próspera. Semelhante à Argentina, está acontecendo atualmente na Venezuela, na Bolívia e, em menor grau, no Brasil. Com poucas exceções, todo o subcontinente latino-americano é novamente atormentado pela praga do capitalismo popular. Com sua selvagem utopia do socialismo para o século 21, Hugo Chávez (1954-2013) arruinou seu país. Bem, agora mesmo a imensa riqueza petrolífera do país não é mais suficiente após sua morte para abastecer a população, vem com seu sucessor, Nicolás Maduro, o lado stalinista do socialismo venezuelano à luz.

Enquanto a Argentina afunda no tango de tristeza e miséria, na Venezuela é cada vez mais a turbulência da guerra iminente civil. O Brasil é o país latino-americano que avançou na industrialização e, simultaneamente, tem imensa riqueza de matérias-primas e recursos agrícolas. Após um grande boom de industrialização nos anos 50 e 60, o país caiu em uma armadilha da dívida na década de 1970 e foi vítima da crise da dívida internacional na década de 1980. Após a década perdida, o país recuperou lentamente a sua terra e na segunda metade dos anos 90 com reforma monetária, privatização e controle de gastos. Mas assim que a crise terminou, o populismo se arrastou novamente. O novo governo liderado pelo ex-líder sindical Luiz Inácio Lula da Silva transformou o capitalismo de Estado populista no principal modelo econômico. Impulsionado pelo boom de matérias-primas e pelo aprofundamento da simbiose econômica com a China, o presidente Lula e seu partido obreiro adotaram um modelo econômico pelo qual o consumo em massa se tornou a força motriz do crescimento econômico.

O governo brasileiro lançou um programa de redistribuição que proporcionaria a milhões de famílias a subsistência. Essa luta contra o trabalho através de esmolas tem sido aclamada por quase todos os lados, inclusive estrangeiros. No auge da onda populista de sucesso no final de seu segundo mandato em 2010, Lula da Silva conseguiu se gabar de altas taxas de crescimento. Não só a FIFA e o Comitê Olímpico foram levados pela Copa do Mundo da FIFA e pelos Jogos Olímpicos para o Brasil, mas também atraíram investidores estrangeiros. Alguns observadores já falaram de um milagre econômico brasileiro, e parecia apenas uma questão de tempo até que o Brasil se movesse em direção ao poder econômico global. Aqui, todo o show acabou sendo nada mais que o voo de uma galinha que logo após a terra da gravidade e sua própria inabilidade em seu estômago, desde 2011 a economia brasileira mantém a descida. Ostentada em gastar dinheiro para ela e ao mesmo tempo generosa quando se trata de manter as massas caladas com esmolas, o atual presidente está no processo de derrubar a classe média novamente. De acordo com o capitalismo de Estado populista do presidente promove corporações monopolistas e redistribuição em favor das massas pobres, que com o apoio da economia produtiva da classe média.

Antony P. Mueller

O falso ideal do socialismo

A triste história de Cuba ainda não acabou. Em 1º de janeiro de 2018, o governo cubano celebrou o 60º aniversário do começo da revolução com a ataque no Mancada quartel militar que um ano depois colocou Fidel Castro no controle total do Estado. O governo de Castro sobreviveu o colapso da União Soviética, mas continuou a se contentar com um novo acordo de relações comerciais e investimento estrangeiro direto com vários países europeus, de Canadá e de países em transição na Europa Oriental e Ásia. Antes da morte de Fidel Castro em 25 de novembro de 2016, ele podia afirmar sua amizade com o venezuelano Hugo Chávez e como o líder sindical e presidente Lula do Brasil neste tempo, que expressaram grande simpatia pelo modelo cubano.

Julgar que Castro e a revolução cubana está enraizada em mal-entendido a base ideológica de Cuba revolucionária. Embora Fidel tenha se declarado comunista desde o início, o caráter definitivo da Revolução Cubana sempre foi nacionalista-paternalista e socialista. Ao mesmo tempo, Castro está jogando a melodia de antiamericanismo e do anti-capitalismo, junto com a promessa de uma alternativa melhor além da sobrevivência política do capitalismo e do domínio ianque. Com talento retórico e carisma, e com a ajuda maciça da União Soviética, Castro criou um sistema único com uma ideologia específica. Essa ideologia política equipara o socialismo ao bem-estar e ao bem-estar social. Anti-imperialismo e antiamericanismo são considerados o equivalente a independência nacional e a independência nacional. Juntos, esses dois pedaços ideológicos na equação de Castro, a alternativa aparece como a ameaça de que, se o sistema castrista desaparece, o povo cubano vai perder seu bem-estar e, com isso, a justiça social. O tão almejado heroísmo das Nações Unidas seria o fim do socialismo. Na retórica de Castro, "socialismo ou morte" é logicamente equivalente a "pátria ou morte".

Durante as décadas de sua regência, Fidel Castro dominou quase exclusivamente a política e a economia da ilha. Mas Fidel Castro não é nem o explorador nem o militarista ditador latino-americano do caudilho. Em sua própria intenção, ele segue mais as tradições paternalistas de seu país. Sua visão do socialismo tornou-se a fonte de pré-colombiana tribal "socialismo Taino" e, portanto, a posição geoestratégica de Cuba, que remonta à época colonial, quando Havana tornou-se o lugar onde o ouro mexicano foi enviado para a Espanha. De uma perspectiva histórica, a distribuição "justa" de fundos entre seus seguidores pode ser uma descrição mais abreviada do sistema cubano do que as conotações que acompanham o conceito de "socialismo". Como principal líder do país, Fidel Castro e posteriormente seu irmão foram os principais gestores econômicos. Eles agiram como a autoridade final em assuntos científicos, e são como conselheiros ativos de seus compatriotas em todas as questões da vida; a palavra dos dois Castros foi concedida aos tribunais judiciais, à imprensa e à educação. Não é o Partido Comunista ou qualquer outro grupo, mas o sistema cubano como um todo. Fidel Castro era a personificação do tipo ideal de líder carismático de Max Weber: capaz de negar todos os aspectos da realidade fora da sua própria visão e capaz de impor seus pontos de vista sobre os seus seguidores. A apesar das mudanças globais desde o colapso da União Soviética, o bloqueio EUA-EUA continua a ser a ineficácia do sistema socialista e é o principal culpado por trás dos problemas econômicos de Cuba.

Embora a admiração por o legado castrista esteja em declínio entre o povo cubano, especialmente entre a geração mais jovem, há uma tendência a aceitar a presente regra por medo. As simpatias feitas para associar um nível geral de igualdade de bem-estar, que o regime realizou no passado, ainda estão vivas, e lealdade adicional é produzida por privilégios do sistema de refino que regimes autoritários ditatoriais tipifica. Quando Cuba estabeleceu uma nova política externa o bloco comercial comunista (COMECON) baseou-se na premissa de manter o governo no controle total da economia. Seguindo o modelo econômico de Lenin-Guevara, o governo considera que a economia é um dos maiores estabelecimentos. Todos os benefícios são credenciados pelo governo central, que atua como agência redistributiva e entrega os bens à população.

O Castrismo segue essa estratégia de política econômica que mantém o planejamento socialista como o caminho para preservar seu poder. A flexibilidade é introduzida no sistema de forma pragmática e só é permitida. O sistema econômico cubano representa uma estrutura tridimensional, com a economia central planejada no centro, cercada por um pequeno setor externo e uma economia privada semilegal. Como o principal responsável por tomar decisões sem restrições atuou o Fidel Castro e até recentemente seu sucessor o seu irmão, o Raúl Castro, autoridade final em todos os assuntos.

Enquanto o centro da economia, concentrado na produção de açúcar, é um fabricante permanente de perdas, a indústria do turismo no setor externo e o investimento direto estrangeiro compensam um pouco as ineficiências internas. O setor privado limitado funciona como um estabilizador auxiliar para a provisão das necessidades privadas mais básicas. Mas assim que ele fez a permissão aparente de mercados de agricultores livres e pequenas empresas familiares reviver o empreendedorismo, o governo começou a impor penalidades severas e impostos asfixiantes.

A nova liderança cubana queria manter as características estruturais da economia cubana, apesar da profunda transformação do ambiente internacional e dos óbvios fracassos do planejamento econômico socialista. As pessoas sofrem porque a economia cubana sofre. A economia cubana sofre com a economia centralizada, distorções profundas e ineficiências que são primordiais. A pobreza está em toda as partes do país, se estende à alimentação, a saúde e a educação. A retirada dos subsídios soviéticos expôs o "modelo cubano" como mera fachada. Agora o engano está desmoronando como os prédios antigos de Havana. No entanto, a liderança cubana depende de sua visão, aguardando uma mudança de destino. "Socialismo ou morte": não aceitar a derrota tornou-se o principal lema da propaganda política nos últimos anos. Como a população, todas as coisas obsoletas vêm de carros americanos (modelos dos anos 1950) para caminhões russos antigos, o governo está tentando desesperadamente consertar seu regime obsoleto.

Em uma taxa crescente, a série de intervencionismo ad hoc está tornando as contradições internas mais severas. Enquanto Cuba está "imitando o caminho chinês", a realidade não confirma essa perspectiva. Em contraste com a China, a política de mudança de Cuba se concentra não na transição, mas na preservação da visão específica de Castro do socialismo e seu poder.

Investimentos estrangeiros, o estabelecimento de zonas de livre comércio, a promoção do turismo, a reorganização de empresas e a legalização da posse do dólar americano: esses esforços ajudaram a impedir que a economia caísse. Mas o crescimento tem sido anêmico e se há aumentos nas taxas de crescimento, elas não refletem um crescimento equilibrado. Por outro lado, são o resultado de mudanças abruptas na produção de açúcar, de medidas de liberalização econômica de curto prazo e, portanto, de investimentos altamente concentrados, principalmente no setor de turismo.

A economia de Cuba se beneficiou em certa medida do rápido aumento do turismo, com quase dois milhões de visitantes chegando à ilha, principalmente do Canadá e da Europa. Nas últimas décadas, o investimento direto estrangeiro cresceu significativamente, particularmente em turismo, telecomunicações e exploração de petróleo e níquel. Fontes adicionais de moeda estrangeira vêm de transferências privadas do exterior, predominantemente de cubanos nos Estados Unidos. Mas essas receitas não poderiam ter compensado a maciça ajuda soviética que havia sido subsidiada pelo sistema.

Cuba representa uma economia altamente desequilibrada, com o setor de turismo sendo o mais moderno e a maior parte do restante da economia encolhendo e declinando. Depois da União Soviética, o bem-estar de embuste entrou rapidamente no colapso, o sistema produtivo continua fraco e a distribuição de produtos essenciais é muito deficiente e muito desigual. A escassez no sistema médico e escolar tornou-se mais comum. O sistema de Cuba tem sido completamente dependente de subsídios da União Soviética. Porém, mesmo como um aliado soviético, o regime cubano foi um *"one man show"* e não representava "ditadura do proletariado" ou "partido do governo" pela "ditadura fidelista".

Durante sua regência desde 1959, o Fidel Castro Ruz foi comandante em chefe e primeiro secretário do Comitê Central do Partido Comunista de Cuba; ele foi presidente dos Conselhos de Estado e de Ministros; A partir de 1º de janeiro de 1959, ele foi o líder máximo dos cubanos em Cuba, e ninguém abordou os termos de sua liderança carismática. O atual sistema de Cuba chegará ao fim quando Fidel Castro desaparecer. O sucessor foi o irmão de Fidel, Raúl Castro, que lidera o exército e o aparato de segurança interna. Em seu papel de líder, ele manteve seu governo com a mesma repressão. Dada a deterioração da economia e a tendência a aumentar a repressão política, o futuro de Cuba parece bastante sombrio. Essa perspectiva deveria alarmar os Estados Unidos em particular, porque um sangrento conflito interno na ilha teria ramificações além das fronteiras de Cuba. Dada a instabilidade dos países do continente sul-americano, a turbulência em Cuba poderia servir de gatilho para o conflito em toda a região.

Parece que amarga lição de Ilha de açúcar não foi suficiente de convencer os socialistas de América Latina que sua ideologia é errada. Se precisava também a Venezuela para mostrar que mesmo uma abundância de petróleo não pode inibir a força do socialismo de criar a pobreza em massa.

Sair do estatismo

A armadilha da renda média ocorre quando um país emergente entra em um período de estagnação após ele ter completado a sua "decolagem" e ter superado a armadilha da pobreza e a armadilha malthusiana. Tendo chegado ao nível da renda média, a trajetória do crescimento econômico efetuada durante a decolagem deixa de ser sustentável.

Durante a fase da decolagem, a mão-de-obra barata alimenta uma rápida expansão econômica em decorrência da migração que ocorre das áreas rurais para as cidades industriais. Nesta fase, a economia cresce pela migração, pela aglomeração e pela acumulação de capital. As taxas de crescimento econômico são altas porque a mão-de-obra é abundante e barata, e a acumulação de capital ainda gera altos retornos.

As taxas de crescimento começam a cair quando a mão-de-obra se torna menos abundante e o retorno marginal do capital se torna marginalmente menor.

O Brasil representa um caso em que a entrada na armadilha da renda média resultou em políticas erradas que pioraram a situação.

Estar preso na faixa da renda média significa que o país é incapaz de prosseguir o seu caminho de crescimento, aquele que ele vinha mantendo durante a fase da decolagem. A armadilha da renda média significa que o país não consegue alterar sua estratégia de crescimento, saindo de um modelo acumulativo e imitativo e indo para um modelo de economia competitiva, empresarial e inovadora.

Imitar as economias pioneiras gera altos retornos somente quando a distância entre a economia emergente e os países avançados é grande. Quando a distância diminui, a imitação torna-se mais difícil e mais arriscada. O futuro é desconhecido e exige experimentação para se descobrir qual tecnologia irá funcionar. Esta trajetória envolve um constante processo de tentativa e erro, o qual requer habilidades muito mais sofisticadas do que a mera imitação de tecnologias maduras.

Quanto mais a economia emergente avança e se aproxima do grupo das economias pioneiras, mais este país em desenvolvimento deve se engajar em uma busca ativa pela próxima tecnologia. No entanto, dado que os governos dos países emergentes sempre tendem a manter suas intervenções sobre a economia, a transição para uma economia competitiva e moderna encontra uma inflexível resistência da parte do poderoso aparelho de funcionários das empresas estatais e da classe política. Muitas vezes, a decolagem de um país em desenvolvimento vem junto com uma ampliação da atividade estatal. O típico efeito colateral deste crescimento é um agigantamento do setor público, o qual acaba funcionando como uma barreira quando o país alcança a faixa da renda média, impedindo-o de entrar na faixa da alta renda.

Os países emergentes caem na armadilha de renda média porque, em vez de abraçar o capitalismo inovador, acabam ficando presos a um sistema econômico estático e arcaico. Não é raro que a velha elite passe a explorar o medo da população em relação à "tempestade perene da destruição criativa" (Schumpeter) do capitalismo dinâmico.

Porém, ao renunciar à destruição criativa, uma economia em desenvolvimento também acaba por rechaçar a prosperidade, e passa alimentar a ilusão de que é possível enriquecer dentro de um sistema estático. Na realidade, os países em desenvolvimento que permanecem com um capitalismo de Estadonão apenas não ganham prosperidade, como também perdem a estabilidade quando inevitavelmente descambam no círculo vicioso do declínio econômico, o que faz com que o sistema político comece a oscilar entre o autoritarismo e o populismo. Vide Argentina e Venezuela, por exemplo.

O desenvolvimento econômico é uma corrida de maratona com obstáculos. O primeiro obstáculo consiste em saber superar a barreira que surge quando a baixa renda passa a limitar a poupança e os investimentos, e consequentemente a acumulação de capital. O segundo grande obstáculo é a armadilha malthusiana, que ocorre quando a população aumenta, mas a renda per capita não sobe.

Foi a revolução industrial que quebrou este padrão da estagnação. Parte do mundo saiu da armadilha da pobreza. Com o avanço da Revolução Industrial a taxa de reprodução diminuiu ao passo que a produtividade econômica aumentou. A armadilha malthusiana desapareceu com a transição demográfica e pavimentou o caminho para um grande aumento dos níveis de renda.

Um pequeno grupo de países pioneiros liderou este permanente processo de inovação. Sucessivas revoluções industriais durante os últimos dois séculos levaram a ganhos cada vez maiores de produtividade.

No entanto, enquanto um grupo de economias prosperou, muitas outras ficaram para trás. Mesmo hoje, ainda há uma multidão de países presos na armadilha da pobreza e na armadilha malthusiana. Um outro grupo de países que conseguiu obter a decolagem e superar a armadilha malthusiana — como o Brasil — se encontra preso na armadilha de renda média. Apenas alguns países conseguiram realizar a façanha de alcançar os pioneiros e se tornar membros do clube dos países de alta renda.

Quando o crescimento econômico baseado na acumulação de capital e na imitação tecnológica terminou, o Brasil ainda não havia adquirido a capacidade de competir com os países de alta renda em termos de tecnologia, produtividade e habilidades. Nesta fase, o Brasil não mudou a sua estratégia de crescimento. Em vez de promover uma economia empreendedora de inovação, o Brasil implantou uma política de forte protecionismo. Como consequência, o país experimentou fases de crescimento artificial que se degeneraram em recessões e altas taxas de inflação. Na maioria das vezes, o Brasil pagou o preço de seu crescimento artificial com longos períodos de estagflação.

Após um crescimento moderado na década de 1990 — consequência inevitável de seus fortes e necessários ajustes econômicos —, e um crescimento mais robusto na década 2000, o país entrou numa nova fase de debilidade econômica na segunda década do novo milênio. Em vez de pular para frente, a economia brasileira recuou. Desde o começo dos anos 1990, a média da taxa de crescimento econômico do Brasil não é mais de três porcentos anuais, o que significa que o país já se encontra novamente, e há um bom tempo, em uma armadilha da renda média.

Para conseguir alcançar as economias avançadas, o Brasil precisaria apresentar uma taxa média de crescimento do PIB per capita de mais de quatro porcentos durante os próximos 50 anos. Só assim será possível alcançar o nível médio dos países de alta renda da OCDE. Igualmente, seria necessária uma taxa de crescimento econômico per capita perto de cinco porcentos para se chegar ao nível da renda dos Estados Unidos.

Entre as economias emergentes, apenas a China consegue apresentar uma taxa de crescimento per capita suficiente para alcançar os níveis dos países ricos. O Brasil, com uma taxa de 1% desde os anos 80 está bem fora desta expectativa. A China, no entanto, ainda está na fase de decolagem, e dificilmente conseguirá manter suas atuais altas taxas de crescimento econômico. Não se deve excluir a possibilidade de que a China também caia na armadilha da renda média, como já ocorreu com outros países emergentes na Ásia. Desta forma, no futuro, ao ter sua taxa de crescimento econômico reduzida, a China inevitavelmente irá reduzir sua contribuição para o crescimento econômico do Brasil.

Para sair da armadilha da renda média, o Brasil teria de fazer uma grande transformação em sua economia, deixando de ser uma economia acumulativa e imitadora e se tornando uma economia *inovadora*. Para sair da armadilha da renda média, o Brasil teria de fazer uma mudança fundamental em sua estratégia econômica. Em vez de uma transformação de cima para baixo, a economia precisa florescer de baixo para cima. Esta mudança requer a liberalização dos entraves regulatórios e burocráticos que hoje incidem sobre o setor empreendedor. Redução da carga tributária e eliminação do pesadelo burocrático são imprescindíveis. O setor estatal deve abandonar seu intervencionismo *ad hoc*, o qual cria incertezas, em prol de uma política que se limite a oferecer segurança jurídica e institucional, e que facilite o empreendedorismo.

Porém, não apenas hoje, mas já por décadas, o Brasil pratica uma política macroeconômica errada para lidar com a armadilha da renda média. Em vez de liberar a economia, o estado cria cada vez mais controles e regulamentações. Em vez de promover uma economia empreendedora, o Brasil se dedica a fortalecer ainda mais seu sistema de capitalismo de estado. Em vez de abandonar as políticas macroeconômicas de cunho dirigista, o país intensifica seu intervencionismo já extremado.

Adotar políticas fiscais e monetárias expansionistas na tentativa de sair da armadilha da renda média apenas agrava a situação. Falando em termos de teoria do crescimento econômico, ambas as políticas levam a economia a um desequilíbrio entre poupança, investimentos, gastos e taxa de câmbio. Uma atividade econômica que exceda este ponto de "crescimento equilibrado" é insustentável. Sem o progresso tecnológico para compensar este hiato, a economia recua. Ainda pior será a situação se o governo apresentar déficits orçamentais, os quais geram uma redução da taxa nacional de poupança. Neste caso, em consequência de um crescimento artificial gerado pelos estímulos monetários e fiscais, a economia cairá abaixo de seu nível anterior de renda.

O grande erro desta política econômica está em confundir as consequências do crescimento econômico com suas causas. A política macroeconômica que o Brasil adotou para lidar com a armadilha da renda média sofre do mesmo erro que Mises já havia denunciado ao recorrer à alegoria do mestre de obras que tenta construir uma casa em um tamanho que excede a real quantidade de insumos ao seu dispor. Este erro de cálculo não apenas faz com que a construção da casa não seja concluída, como também faz com que a casa nem sequer possa ficar de um tamanho menor do que aquele originalmente projetado.

Países de renda média, após superarem a armadilha da pobreza e a armadilha malthusiana, enfrentam o esgotamento da mão-de-obra barata. Um país emergente cai na armadilha da renda média quando, simultaneamente, perde sua capacidade de competir com os países de baixa renda em termos de preços e, ao mesmo tempo, ainda não possui a capacidade de competir com os países de alta renda em termos de tecnologia. A continuidade da ingerência do estado na economia faz com que estes países caiam no regresso.

Tentar sair da armadilha recorrendo a políticas de estímulo monetário e fiscal não apenas não funciona, como na realidade pavimenta o caminho para o endividamento público, e gera ainda mais debilidade econômica no longo prazo. O caso do Brasil e seus famosos 'voos de galinha' mostra como o país sofre de recorrentes ciclos de expansão econômica artificial seguida de contração.

Para continuar a crescer, o país tem de ter progresso tecnológico. No entanto, se o país recorre a déficits orçamentários e a inflações monetárias, a tragédia econômica está programada. Para obter maiores níveis de produtividade, o Brasil teria de abandonar o atual sistema de capitalismo de estado, o qual foi escolhido como o caminho para a decolagem. Para sair da armadilha da renda média, o Brasil tem de abrir sua economia para o capitalismo empreendedora da destruição criativa.

Antony P. Mueller

Emprego e Produtividade

Enquanto o século 20 experimentou a profunda transformação da manufatura, a tecnologia está revolucionando o setor de serviços. Os profissionais - de médicos a advogados, de educadores a administradores públicos - enfrentarão desafios difíceis. A transformação já está a caminho. Muitos trabalhos aparentemente seguros serão eliminados. Robôs e inteligência artificial tornam as tarefas complexas mais baratas e com melhor desempenho. As novas tecnologias entram nos escritórios dos consultores, nas câmaras legais, nas salas de aula e nos hospitais. Com um clique, diagnósticos melhores do que os humanos poderiam entregar aparecem na tela em segundos - seja uma avaliação médica ou a análise de um problema legal. As máquinas estão substituindo até mesmo ocupações sofisticadas. O que o futuro reserva para empregos, habilidades e salários? O que isso significa para o futuro do capitalismo? Que tipo de sistema econômico é melhor para enfrentar o desafio?

No século XIX, era possível dizer ao menino da fazenda para ir à cidade e aprender um ofício. No século XX, pode-se dizer ao rapaz ou moça que devem seguir em frente e ir estudar. Estes foram todos bons conselhos. No entanto, no novo milênio, não há lugar para subir. A mudança da agricultura para a indústria e da indústria para os serviços acabou. Agora, ir para a universidade e obter um diploma não é mais garantia de um trabalho bem remunerado e seguro. As posições profissionais são vítimas da automatização e do ataque da inteligência artificial. Os brotos da escada estão ocupados. Para um subir, outro deve descer. A mobilidade social por acime é uma façanha do passado.

Qual é a saída? A promessa de "empregos, empregos, empregos" será em vão. Quanto mais o estado tenta disponibilizar empregos e posições mais seguras, mais a produtividade declina e a renda cai. O novo milênio precisa de uma abordagem diferente. A resposta é abraçar totalmente a tecnologia. Quanto mais as novas tecnologias se tornarem um complemento ao trabalho humano, a produtividade aumentará. A urgência de ter uma posição fixa como pessoa ocupada recua. O uso de um carro como motorista para a Uber e o aluguel de uma casa ou apartamento para viajantes com a Airbnb são exemplos do que está por vir.

Uma condição necessária para o aumento da produtividade é menos estado e o fim da política. Menos estado e menos política libertariam o cidadão do pesado fardo que agora o confronta. A produtividade aumentaria à medida que o estado desaparecesse. O indivíduo é libertado dos dois lados. Por um lado, o peso dos impostos e contribuições cai. Por outro lado, ganhos de produtividade reduzem os custos de vida.

A armadilha atual de "tudo ou nada" ("Yale ou cadeia") desapareceria. Agora, é assim que, se alguém tiver um emprego profissional, a situação material é boa. No entanto, quando se perde essa posição, a queda é enorme. Precisamos de um sistema que evite essa dicotomia. Uma ordem anarco-capitalista reduziria o peso dos impostos e das contribuições. O capitalismo livre abriria o caminho para amplos ganhos de produtividade. Então, a urgência

de ter uma posição de ganho permanente diminuiria. Pode-se viver bem mesmo sem ter um emprego seguro porque a produtividade é tão alta que tarefas também temporárias oferecem um salário alto o suficiente para manter uma boa vida. A tecnologia que tira os empregos é a mesma que fornece as ferramentas que reduzem os custos de vida e tornam o tempo do lazer atraente.

Hoje em dia, há muitos casais profissionais que estão trabalhando porque é preciso ter dois rendimentos para se sair bem. Muitos ficariam felizes em ter apenas um chefe de família se pudessem manter seu padrão de vida. O capitalismo livre ofereceria tais chances, porque impostos e contribuições chegariam a um décimo do nível atual e os bens custariam menos da metade de seus preços atuais, com renda várias vezes maior do que hoje.

Nosso atual sistema econômico, político e judicial está mal preparado para o desafio do futuro. Esse também foi o caso há mais de cem anos, no início do século 20. Então, muitas decisões erradas foram tomadas até que um sistema tomou forma e foi aceito, o que poderia acomodar as mudanças tecnológicas e as transformações econômicas. No entanto, agora, novas tribulações surgem e tornam obsoleto o sistema socialdemocrata dominante.

A resistência surgirá - como a que veio dos artesãos e dos trabalhadores domésticos no início da revolução industrial. Os trabalhadores temiam que, ao introduzir as novas máquinas, eles perdessem sua existência econômica e fossem condenados à pobreza e à miséria. No entanto, eles não tiveram chance. E bom para eles - pois, devido à revolução industrial, a classe trabalhadora experimentou um nível de prosperidade nos dois séculos vindouros que era inimaginável na época em que a revolução industrial decolou.

Protecionismo, intervencionismo, imperialismo, comunismo e fascismo foram as muitas respostas erradas no passado. Muitos acreditam agora que a versão socialdemocrata do capitalismo seria o sistema adequado para o novo milênio. No entanto, este não é o caso. Não é exagero prever que, quando continuamos com a via socialdemocrata, o fim seria a bancarrota do Estado. Análises sérias devem concluir que o complexo previdenciário e social de saúde, educação, aposentadorias e assistência social fracassou. O sistema legal está em frangalhos. Da mesma forma, a expectativa de que a gestão política da economia possa garantir emprego, crescimento econômico e estabilidade financeira é ilusória. Tentar manter, reformar e expandir o sistema atual levará ao oposto das promessas "liberais".

Sem uma mudança no sistema de seguridade social, apenas os custos com saúde absorverão mais de um quarto dos rendimentos brutos. Provisões de pensão exigiriam outro quarto da renda. Em poucas décadas, o contribuinte comum deve confrontar contribuições obrigatórias que excedam a metade da renda para pagar apenas pela previdência e pelo bem-estar social. Além dessas contribuições, o governo teria que exigir outro terço do rendimento como impostos para financiar a defesa e as outras partes do aparato estatal. Tal carga é impossível de suportar. Quase nada seria deixado para uso privado. Antes que essas projeções possam se tornar realidade, a economia se desintegraria. As pessoas se recusariam a trabalhar, e as empresas parariam de investir, a nação estaria falida.

Assim, o desafio permanece: nas décadas seguintes, os jovens não podem mais esperar ter uma renda alta só porque obtêm um diploma universitário. Muitas carreiras seguras em empregos e profissões estabelecidas desaparecerão ou passarão por profundas transformações. O presente horror do desemprego ou de não encontrar o emprego certo vem de não ser capaz de suportar os altos custos da educação, saúde, habitação, segurança pública e aposentadoria sem uma alta renda permanente.

Precisamos de um novo pedido. Reparos das estruturas no local não são suficientes. Assim como não fazia sentido melhorar a carruagem do cavalo para competir com o automóvel, seria um esforço fútil melhorar o sistema político atual e tornar o sistema de segurança social mais eficaz e a economia mais eficiente.

Precisamos fazer uma reviravolta. Em vez de tornar o atual sistema mais social-democrático, precisamos de uma revolução libertária. Em vez de tornar o capitalismo mais socialista, precisamos de um capitalismo mais capitalista.

O capitalismo livre, juntamente com a redução drástica do estado e a abolição da política, acabaria com os encargos financeiros que afligem o cidadão moderno. A não intervenção estatal na vida econômica leva à prosperidade. O caminho para a riqueza é a retirada do estado e o fim da política.

O novo milênio pertencerá àquelas sociedades que descartam o estado administrativo e se movem em direção a um capitalismo livre do Estado e da política.

Uma economia livre em uma sociedade livre requer três grandes mudanças institucionais.

Primeiro, a seleção do corpo representativo da sociedade através de um processo de seleção aleatória;

Segundo, um sistema monetário privado para substituir os bancos centrais;

terceiro, a provisão de lei e segurança por fornecedores privados.

A fim de estabelecer uma sociedade livre do Estado, o insight deve vir em primeiro lugar. A legitimidade de uma ordem social livre não pode vir da aplicação da força - como tem sido o caso com todos os outros sistemas políticos - mas precisa basear-se na cooperação voluntária do povo para surgir como uma ordem espontânea.

A tentativa de estabelecer um "socialismo melhorado", como é o objetivo do esquema 'globalista' de um governo mundial, seria ainda mais mortal do que o socialismo do século XX. No entanto, as formas mais brandas do socialismo e do fascismo, como são praticadas como intervencionismo, não representam uma alternativa valiosa. Da mesma forma, é inútil esperar que o governo possa administrar a economia e proporcionar estabilidade e crescimento econômico para que todos possam ter um emprego seguro e bem remunerado. O que precisamos é de uma nova ordem política e econômica, uma ordem que não dilua o capitalismo com o socialismo, mas um capitalismo livre de suas misturas socialistas. Quanto mais o estado retirar-se da vida privada, menos o ônus dos impostos se propagaria. Os esquemas atuais de saúde, educação, pensões, serviços jurídicos, habitação e bem-estar social - para não falar de defesa - não são apenas ineficientes, mas também onerosos para além das necessidades. Nessas áreas, as novas tecnologias oferecem amplas alternativas que reduziriam os custos e, ao mesmo tempo, melhorariam os serviços. Eliminar a política eliminaria as bizarras campanhas eleitorais. A seleção iria parar a cultura política de mais gastos do governo.

Se continuarmos com o sistema atual, o estado crescerá cada vez mais. Com o tamanho crescente do estado, os governos se tornarão mais poderosos. Sem uma parada, a atual "democracia liberal" será transmutada em um novo totalitarismo.

O grande debate não é apenas sobre empregos, mas ainda mais sobre como podemos manter a liberdade humana diante das novas tecnologias. No novo milênio, o fim do estado é uma condição necessária para a liberdade. Se falharmos, o destino da humanidade é uma era de escravidão. Se tivermos sucesso, podemos acolher uma nova era de liberdade e prosperidade.

VI.

PRINCÍPIOS DO ANARCO-CAPIALISMO E DA DEMARQUIA

VI. Princípios do anarco-capitalismo e da demarquia
- O problema
- Socialismo - capitalismo
- Por que o capitalismo funciona e o socialismo não
- O Estado e seus agentes
- A servidão voluntária
- A chamada do indivíduo
- O que é anarquismo?
    Tipos de anarquismo
- Estrutura da demarquia
- Perspectivas
- Resumo

FUNDAMENTOS DO ANARCO-CAPITALISMO

> *"Senhores, a hora está chegando em que haverá duas grandes classes, socialistas e anarquistas. Os anarquistas querem que o governo não seja nada, e os socialistas querem que o governo seja tudo."*
> William Graham Sumner (1911)

Enquanto o século XX experimentou uma profunda transformação da manufatura, a tecnologia está revolucionando o setor de serviços. Profissionais, de médicos a advogados, de educadores a administradores públicos, enfrentarão desafios difíceis. A transformação já está a caminho. Muitos trabalhos aparentemente seguros serão aniquilados. Robôs e inteligência artificial tornam tarefas complexas não apenas mais baratas, mas com um funcionamento melhor. Novas tecnologias entram nos escritórios de consultores, câmaras legais, salas de aula e hospitais. Com um clique, em segundos, melhores diagnósticos do que humanos em humanos aparecerão, seja uma avaliação médica ou a análise de um problema legal. As máquinas estão substituindo até mesmo ocupações sofisticadas. O que o futuro reserva para empregos, habilidades e salários? O que isso significa para o futuro do capitalismo? Que tipo de sistema econômico é o melhor para enfrentar o desafio?

No século 19, era possível dizer ao agricultor para ir à cidade e aprender um ofício. No século 20, pode-se dizer ao rapaz ou à moça que se deve ir em frente e ir à escola e a universidade. Todos estes foram bons conselhos. No entanto, no novo milênio, não há lugar para subir. A passagem da agricultura para a indústria e da indústria para os serviços acabou. Agora, ir para a faculdade e obter um diploma não é mais garantia de um trabalho bem remunerado e seguro. Os cargos profissionais são vítimas da automação e do ataque da inteligência artificial. Os botões nas escadas estão ocupados. Para um subir, outro deve descer. A mobilidade social ascendente é uma façanha do passado.

Antony P. Mueller

O Problema

Onde está a saída? A promessa de 'empregos, empregos, empregos' será em vão. Quanto mais o estado tenta disponibilizar empregos e procurar segurar mais as posições com subsídios, mais a produtividade diminui e a renda cai. O novo milênio precisa de uma abordagem diferente. A resposta é abraçar completamente a tecnologia. Quanto mais tecnologias novas se tornarem um complemento ao trabalho humano, a produtividade aumentará. A urgência de ter uma posição fixa como empregado permanente diminui. O uso do carro como motorista do Uber e o aluguel da casa ou apartamento de passageiros com Airbnb são exemplos do que está por vir.

Uma condição necessária para o aumento da produtividade é menos estado e o fim da política. Menos estado e menos política libertariam o cidadão do pesado fardo que agora enfrenta. A produtividade aumentaria à medida que o estado desaparecesse. O indivíduo é libertado de ambos os lados. Por um lado, o peso dos impostos e contribuições diminui. Por outro lado, os ganhos de produtividade reduzem os custos de vida.

A armadilha atual de 'tudo ou nada' desapareceria. Agora é assim que, se alguém tem um trabalho profissional, a situação material é boa. No entanto, quando se perde esta posição, a queda é enorme. Precisamos de um sistema que evite essa dicotomia. Uma ordem anarco-capitalista reduziria o ônus dos impostos e contribuições. O capitalismo livre abriria o caminho para grandes ganhos de produtividade. Então, o desejo de ter uma posição de lucro permanente diminuiria. Pode-se viver bem mesmo sem ter um emprego seguro porque a produtividade é tão alta que também as atribuições temporárias oferecem um pagamento que é alto o suficiente para manter uma boa vida. A tecnologia que elimina os empregos é a mesma que fornece ferramentas que reduzem os custos de vida e tornam o tempo livre atraente.

Hoje em dia, existem muitos casais profissionais que trabalham porque é preciso dois rendimentos para fazê-lo bem. Muitos ficariam felizes em ter apenas um chefe de família se pudessem manter seu padrão de vida. O capitalismo livre ofereceria tais oportunidades porque os impostos e as contribuições cairiam para um décimo do nível atual e os bens custariam menos da metade de seus preços atuais com uma renda várias vezes maior do que hoje.

Nosso atual sistema econômico, político e judicial está mal preparado para o desafio do futuro. Esse também foi o caso há mais de cem anos, no início do século XX. Então, muitas decisões erradas foram tomadas até que um sistema tomou forma e foi aceito que poderia acomodar mudanças tecnológicas e transformações econômicas. No entanto, agora, novas tribulações estão se aproximando e tornam obsoleto o sistema social-democrático dominante.

A resistência reaparecerá, como a que surgiu de artesãos e trabalhadores no início da revolução industrial. Os trabalhadores temiam que com a introdução das novas máquinas perdessem sua existência econômica e estaria condenada à pobreza e à miséria. No entanto, eles não tiveram chance. E bom para eles, porque, devido à revolução industrial, a classe trabalhadora experimentou um nível de prosperidade nos dois séculos que chegaram. Com a revolução industrial inicial começou uma era inimaginável em prosperidade.

Protecionismo, intervencionismo, imperialismo, comunismo e o fascismo foram as muitas respostas erradas no passado. Muitos acreditam agora que a versão social-democrático do capitalismo seria o sistema certo para o novo milênio. No entanto, este não é o caso. Não é exagero prever que, se continuamos com o caminho social-democrático, o fim será a falência do estado.

Uma análise séria deve concluir que o complexo de segurança social e de bem-estar da saúde, da educação, das pensões e da assistência social fracassou. O sistema legal está em ruínas. Da mesma forma, a expectativa de que a gestão política da economia possa garantir emprego, crescimento econômico e estabilidade financeira é ilusória. Tentar manter, reformar e expandir o sistema atual levará ao oposto das promessas.

Sem uma mudança no sistema de seguridade social, apenas os custos de assistência médica absorverão mais de um quarto da receita bruta. As provisões de pensão exigiriam mais um quarto da renda. Em poucas décadas, o contribuinte ordinário deve enfrentar as contribuições obrigatórias que excedem a metade da renda para pagar apenas a seguridade social e o bem-estar social. Além dessas contribuições, o governo teria que exigir um terço da receita como impostos para financiar a defesa e as outras partes do aparato estatal. Tal carga é impossível de suportar. Quase nada será deixado para uso privado.

Antes que essas projeções pudessem se tornar realidade, a economia entraria em colapso. As pessoas se recusariam a trabalhar e as empresas parariam para investir, a nação declararia falência, portanto, o desafio permanece: nas próximas décadas, os jovens não podem mais esperar ter uma alta renda só porque recebem diploma universitário.

Muitas carreiras profissionais seguras em profissões estabelecidas desaparecerão ou passarão por profundas transformações. O atual horror com encontrar emprego ou não e confrontar o desemprego vem de não ser capaz de assumir os altos custos da educação, saúde, habitação, segurança pública e aposentadoria sem uma alta renda permanente.

Reformar parcialmente as estruturas, não é suficiente. Em vez de tentar reformar o atual sistema social-democrático, precisamos de uma revolução libertária. Em vez de tornar o capitalismo mais socialista, precisamos de um capitalismo mais capitalista. O capitalismo livre, juntamente com a redução drástica do estado e a abolição da política, eliminaria os encargos financeiros que afligem o cidadão moderno.

A intervenção do estado na vida econômica não leva à prosperidade. O caminho para a riqueza é a retirada do estado e o fim do novo milênio. O futuro pertence às sociedades que eliminam o estado administrativo e movem em frente em direção a um capitalismo de Estado livre e uma economia livre da política.

Uma sociedade livre exige três grandes mudanças institucionais.

Em primeiro lugar, a seleção do corpo representativo da sociedade através de um processo de seleção aleatória;

segundo, um sistema monetário privado para substituir os bancos centrais;

em terceiro lugar, a prestação de leis e de segurança por empresas privadas.

Para estabelecer uma sociedade livre do estado, a visão deve vir em primeiro lugar. A legitimidade de uma ordem social livre não pode vir da aplicação de força, como tem sido o caso com todos os outros sistemas políticos, mas as necessidades baseadas na cooperação voluntária das pessoas a emergir como uma tentativa de estabelecer a ordem espontânea.

Um 'socialismo melhorado' como já é o objetivo do esquema globalista de um governo mundial, seria ainda mais letal que o socialismo do século XX. No entanto, as formas mais brandas de socialismo e fascismo, como praticadas como intervencionismo, não representam uma alternativa valiosa. Da mesma forma, não faz sentido esperar que o governo administre a economia e proporcione estabilidade e crescimento econômico para que todos possam ter um emprego bem remunerado e seguro.

O que precisamos é de uma nova ordem política e econômica, uma ordem que não dilua o capitalismo com o socialismo, mas um capitalismo livre de suas misturas socialistas. Quanto mais se retira o estado da vida privada, menos pesa ônus dos impostos. Os esquemas atuais de saúde, educação, pensões, serviços jurídicos, habitação e bem-estar social, para não mencionar a defesa, não são apenas ineficientes, mas também onerosos para além das necessidades. Nessas áreas, as novas tecnologias oferecem amplas alternativas que reduziriam os custos e melhorariam os serviços. Fazer as pazes com a política eliminaria campanhas eleitorais estúpidas. Uma demarquia acabaria com a cultura política de maior gasto público enquanto o anarco-capitalismo produziria enormes progressos de produtividade.

Se continuarmos com o sistema atual, o estado crescerá cada vez mais. Com o aumento do tamanho do estado, os governos serão mais poderosos. Sem parar, achamada atual 'democracia liberal' será transmutada em um novo totalitarismo. O grande debate não é apenas sobre empregos, mas ainda mais sobre como podemos manter a liberdade humana diante de novas tecnologias. No novo milênio, o fim do estado é uma condição necessária para a liberdade. Se falharmos, o destino da humanidade é uma era de escravidão. Se tivermos sucesso, podemos acolher uma nova era de liberdade e prosperidade.

Socialismo - Capitalismo

É preciso distinguir entre "socialismo como objetivo" e "socialismo como método". Sem essa diferença, alguém pode ser facilmente enganado e, de fato, muitas pessoas são levadas a acreditar que, para alcançar a meta socialista de prosperidade para todos, o caminho certo seja instalar o socialismo como um meio. Porém, implantando o socialismo como método traz o oposto da prosperidade esperada. Em vez de prosperidade para todos, a miséria e a perda da liberdade são o resultado. O socialista engana seus crentes na ilusão de que, como o socialismo como meta é tão bom, o socialismo como meio é o caminho certo para alcançar esse objetivo.

O conceito de socialismo implica a contradição entre meta e método enquanto o conceito de capitalismo não sofre dessa confusão. O capitalismo é um meio. O objetivo do capitalismo é a prosperidade, não muito diferente do ideal socialista, mas sim meios bem diferentes. Há duas maneiras fundamentais de o capitalismo ser um meio: um é o capitalismo de Estado, onde o capitalismo está embutido em um Estado e sob o controle do governo, e o outro é o livre capitalismo ou o anarco-capitalista, onde as relações de troca voluntárias governam.

Contradição do socialismo entre método e meta

A disputa sobre o capitalismo e o socialismo não diz respeito aos objetivos, que são quase as mesmas - bem-estar para todos- mas aos meios, se se pode realizar estes objetivos sem liberdade ou com liberdade. Capitalismo é o método de ganhar prosperidade para todos em liberdade.

Qual é melhor para alcançar prosperidade? Quando alguém coloca o problema dessa maneira, a resposta se torna óbvia. Teoricamente e historicamente, o socialismo falhou em todos os aspectos. Portanto, o problema não é socialismo versus capitalismo, porque somente os tolos ou pessoas extremamente equivocadas escolheriam o socialismo.

A questão é qual tipo de capitalismo é o melhor para ganhar prosperidade para todos: capitalismo de Estado ou anarco-capitalismo? No passado, várias formas de capitalismo de Estado emergiram, mais proeminentemente a economia social de mercado desde o início da segunda metade do século 20.

O caso em favor do anarco-capitalismo vem da necessidade de eliminar as deficiências do sistema atual, que, devido a uma democracia baseada em partidos políticos, produz um excesso de gastos do governo que atrasa o progresso econômico e onde o Estado de bem-estar social não diminui, mas aumenta a desigualdade.

Sistemas econômicos

O anarco-capitalismo e a democracia eleitoral são incompatíveis. Para dar ao anarco-capitalismo uma chance, o sistema político deve mudar. A saída do dilema é a demarquia ou sorteio político, um sistema político em que os representantes do povo são selecionados não pelo voto, mas por uma loteria. A política de uma república livre consiste na combinação do anarco-capitalismo, da demarquia e da administração do governo privado.

Qual é a vantagem do anarco-capitalismo sobre o capitalismo de Estado? A resposta é que o anarco-capitalismo gera níveis mais altos de produtividade e que a produtividade é a fonte de riqueza. A demarquia é necessária para acabar com a competição de partidos políticos cuja rivalidade leva a apropriação do Estado como instrumento de distribuição. A administração privada do governo é uma agência que exerce funções governamentais como órgão executivo e judicial sem o domínio que acompanha as funções do Estado tradicional. Demarquia junto com anarco-capitalismo significa a transferência da soberania do nível de Estado as mãos do povo e do indivíduo. Uma república livre deve ser uma política além do Estado e da política.

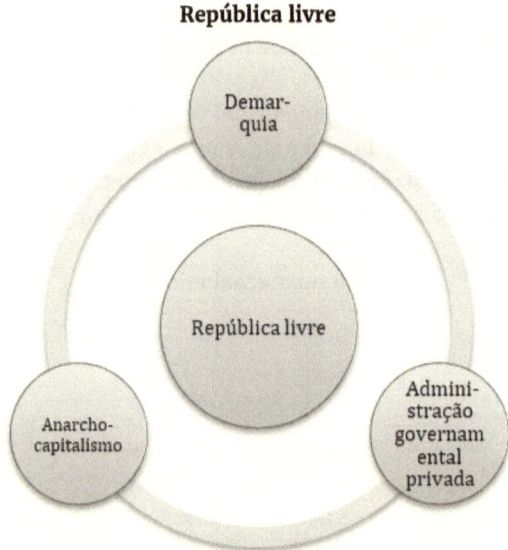

Os socialistas presumem que, sob um regime socialista, a taxa de progresso tecnológico seria a mesma como no capitalismo. Eles alegam que, com a remoção do motivo de lucro, é possível melhorar as condições de trabalho e obter uma distribuição de renda igual. No entanto, os socialistas não veem que a motivação do lucro é o principal fator de estímulo ao progresso tecnológico. Em uma economia de mercado, as empresas podem obter uma taxa de lucro maior por meio de melhor produtividade.

A vitalidade econômica exige progresso tecnológico. Historicamente, as evidências mostram que o progresso tecnológico veio com o capitalismo, e que o capitalismo veio com a livre iniciativa. Os socialistas também descartam o papel do capital e da liberdade pessoal. Os socialistas veem apenas o capital acumulado, mas desconsideram a acumulação de capital e a manutenção do capital, ou seja, a poupança. O socialista vê o capitalista como um explorador quando, de fato, sua principal função é a provisão de poupança. Da mesma forma, o progresso tecnológico não ocorrerá em uma sociedade onde não há liberdade de expressão e de iniciativa privada. A economia capitalista baseia-se na acumulação de capital, na iniciativa privada (liberdade pessoal) e na orientação pelo lucro.

Fatores de uma economia capitalista

Antony P. Mueller

Por que o capitalismo funciona e o socialismo não

O capitalismo é um sistema no qual os lucros mais elevados chegam a àquelas empresas que são as melhores para satisfazer os desejos dos clientes em termos de tipo, qualidade e preço do produto. Mesmo se no socialismo os dirigentes quiserem satisfazer as necessidades das massas, isso não é possível porque o sistema eliminou as informações necessárias para fazê-lo. O socialismo elimina ambos: informação e incentivos. Os atores econômicos devem operar no escuro. Eles podem ter uma ideia do que os consumidores podem querer e os planejadores podem querer produzi-lo, mas esse conhecimento difere do modo como o conhecimento econômico existe em uma economia de mercado, onde os preços e os atos de compra dos produtos de uma empresa a disposição dos clientes de pagar pelo tostão e o resultado aparece como lucro e perda. O capitalismo é um sistema de aprendizagem - o socialismo é um sistema de diminuição de graus de conhecimento. Capitalismo significa luz, socialismo é escuridão.

Em uma economia de mercado, os preços relativos dos bens servem como um guia para a ação econômica adequada. Esses índices de preço refletem a combinação dos fatores de produção que melhor satisfazem as necessidades dos consumidores. Os preços relativos mostram o que os consumidores querem e guiam o processo de produção nessa direção, porque é aí que os lucros emergem. A concorrência fornece os incentivos para a efetividade de custo, de modo que os consumidores recebam as mercadorias pelos menores preços, com base no melhor uso dos fatores de produção.

No capitalismo, os desejos dos clientes determinam a estrutura geral das relações de preço. As preferências dos consumidores determinam também os valores dos bens de investimento. Essa imputação da estimativa de valor vai dos consumidores ao valor dos bens de produção. Ela ocorre de acordo com a contribuição dos bens de investimento para o valor do bem de consumo final que é produzido pelo bem de capital. O valor do produto final determina o valor dos bens intermediários. A âncora para a estrutura de valor de toda a riqueza em uma economia de mercado é o uso final dos bens pelo consumidor.

Sob o capitalismo, não é uma autoridade de planejamento que controla a estrutura de produção, mas os consumidores decidem. Estes controlam a economia porque somente os empreendedores que obedecem às demandas dos consumidores podem obter um lucro extra. Em uma economia capitalista, a produção segue os desejos dos consumidores. As empresas devem reestruturar a produção de acordo com as mudanças dos desejos, necessidades e gostos do consumidor. Portanto, a administração de empresas não é uma tarefa descomplicada, como Lenin havia presumido.

O socialismo sofre de quatro defeitos. Cada um deles seria suficiente para tornar o socialismo inoperante.

Defeitos fundamentais do socialism

Impossibilidade do cálculo econômico (ausência de mercados e da propriedade privada)	Impossibilidade de coordenação eficiente (eliminação do sistema de preços livres)
Incentivos perversos (Instalação da ditadura do planejamento burocrático)	Restrições orçamentárias fracas (Falta dos criterios de lucro e prejuízo)

(Defeitos do Socialismo)

O socialismo erradica a propriedade privada e os mercados e, portanto, elimina o cálculo racional e a coordenação efetiva.

Além disso, permite orçamentos flexíveis, o que significa que não há mecanismo em vigor que descarte unidades de produção ineficientes.

Em terceiro lugar, a abolição da propriedade privada e o culto do Estado promovem falsos incentivos.

Finalmente, o sistema socialista com a ausência de propriedade privada e de livre mercado inibe o cálculo econômico racional.

Uma economia complexa não se pode manter sem capitalistas e empreendedores. Mesmo se, por exemplo, o plano deveria estipular a produção de um certo número de lápis para a campanha de alfabetização, e que a ordem iria para as respectivas fábricas, surge a questão de como projetar e qual combinação dos fatores de produção a fabricação deve ocorrer. Quando os preços e os mercados desaparecem, perde-se a orientação sobre quais fatores de produção são mais e quais são menos escassos, juntamente com a perda de conhecimento dos custos dos bens utilizados no processo de produção. A escassez torna os bens valiosos e algo que é valioso se expressa em seu preço relativo mais alto na economia de mercado. Observando os preços, os participantes do mercado recebem informações sobre a escassez e alinham suas decisões econômicas aos sinais do mercado. No entanto, quando não há mercado, a informação sobre a relação entre os desejos por bens e seu suprimento desaparece. Em uma economia de mercado, os participantes econômicos precisam apenas de conhecimento parcial para agir racionalmente. O sistema de preços informa sobre a relação de escassez e torna possível decidir de acordo com os interesses próprios. Não há necessidade de informações abrangentes, pois os mercados permitem ponderar as vantagens e desvantagens das ações econômicas por meio dos preços relativos, pois o sistema de preços reduz a complexidade do tomador de decisão individual ao número único do preço. A propriedade dos meios de produção não existe mais e, portanto, não existe um sistema de preços para os bens de capital disponíveis. Institucionalmente, o socialismo consiste em abolir a economia de mercado e substituí-la por uma economia planejada. No entanto, além da perda da propriedade privada, o problema fundamental vem da consequência de que, eliminando a propriedade privada dos meios de produção, também se elimina a informação. Mesmo que os preços dos bens de consumo continuem existindo, e se houver propriedade privada de bens de consumo, a orientação sobre a relativa escassez de bens de capital se perde à medida que o sistema socialista remove a propriedade privada dos bens de produção e elimina o papel do empreendedor A economia socialista não serve aos consumidores. O ponto de referência para o gerenciamento adequado é executar os comandos - o mesmo que nas forças armadas. Para cumprir planos refere-se ao respectivo nível na hierarquia da ordem de comando - não para o consumidor. A produção enfrenta os problemas que há um número quase ilimitado de maneiras de produzir um bem. Pode-se fabricar uma mercadoria com matérias-primas, tecnologias e combinações muito diferentes dos fatores de produção. A viabilidade industrial e seu ótimo técnico só podem dar um sinal parcial, já que muitas formas de construção são possíveis. Antes que os aspectos de viabilidade tecnológica pudessem ser considerados, produzir um bem requer a aplicação de princípios econômicos - o cálculo de sua lucratividade potencial. Sem cálculo de custos em relação às vendas, uma avaliação técnica não faz sentido. O que é tecnicamente possível não é economicamente recomendado, e o que parece ótimo do ponto de vista técnico não precisa ser assim em termos de lucros. Com os custos deixados de lado, a produção socialista é cega para o risco de produzir bens que custariam mais do que valem. Quem determina valor? Numa economia de mercado, é o cliente e, em última instância, o consumidor. Na economia do planejamento central, cabe aos planejadores determinar o valor. Isso, no entanto, eles não podem realizar porque as preferências e tecnologias mudam, e a complexidade da relação entre os produtos excede a capacidade da mente de qualquer pessoa ou de um comitê de planejamento. Sem um sistema de preços, os construtores de um produto não podem saber se os recursos que o plano prevê usar estão em demanda para produzir outros bens que possam ser mais urgentes. Na economia de mercado, o preço é o sinal de que uma determinada mercadoria é escassa ou abundante. Se um bem é caro, isso mostra que muitos outros agentes econômicos também querem usar esse produto ou os recursos necessários para produzir esse produto. O preço de mercado expressa as condições socioeconômicas predominantes. Socialismo significa cegueira econômica. A informação é perdida junto com o incentivo para agir de acordo com os sinais de preço. No capitalismo, as motivações para obter lucros e evitar custos funcionam como um incentivo para se comportar racionalmente. Em uma economia de mercado, os preços cumprem a dupla função de informar e incentivar o produtor e o comprador.

Antony P. Mueller

O Estado e seus agentes

O Estado é geralmente considerado como uma necessidade. Mesmo muitos daqueles que acreditam que o Estado é um mal, consideram que é um mal necessário. O Estado é indispensável, dizem eles, apenas anarquistas disputariam esse fato.

A teoria econômica sustenta que o Estado é o provedor de bens públicos e sociais. O público acredita que o Estado é aquela organização pela qual nos protegemos de nós mesmos. Há gente que acreditam que o Estado cuida de nós como pais cuidam das crianças. Ao subsidiar a oferta de certos bens, como educação e saúde, o Estado nos ajuda a consumir mais desses benefícios e com alguns produtos nocivos, o Estado nos protege contra os danos que infligimos sobre nós mesmos se houvesse acesso fácil a esses produtos e serviços. Existe um amplo consenso de que o Estado é necessário para providenciar coisas como estradas, escolas, hospitais e de cuidar de nossa segurança interna e externa. No entanto, ser governado significa mais do que apenas obter o fornecimento dos chamados 'bens públicos', como Pierre-Joseph Proudhon denuncia:

"Ser governado significa ser observado, inspecionado, espionado, dirigido, legislado, regulamentado, cercado, doutrinado, admoestado, controlado, avaliado, censurado, comandado; e por criaturas que para isso não tem o direito, nem a sabedoria, nem a virtude... Ser governado significa que todo movimento, operação ou transação que realizamos é anotada, registrada, catalogado em censos, taxada, selada, avaliada monetariamente, patenteada, licenciada, autorizada, recomendada ou desaconselhada, frustrada, reformada, endireitada, corrigida. Submeter-se ao governo significa consentir em ser tributado, treinado, redimido, explorado, monopolizado, extorquido, pressionado, mistificado, roubado; tudo isso em nome da utilidade pública e do bem comum. Então, ao primeiro sinal de resistência, à primeira palavra de protesto, somos reprimidos, multados, desprezados, humilhados, perseguidos, empurrados, espancados, garroteados, aprisionados, fuzilados, metralhados, julgados, sentenciados, deportados, sacrificados, vendidos, traídos e, para completar, ridicularizados, escarnecidos, ultrajados e desonrados. Isso é o governo, essa é a sua justiça e sua moralidade!"

(Pierre-Joseph Proudhon: Idée Générale de la Révolution du XIXe Siècle (1851) - Ideia Geral da Revolução no século XIX.

Mais de 150 anos atrasados, as coisas não mudaram muito. Em uma democracia, o Estado não diminuiu seu papel, mas cresceu em dimensões terríveis como Hans-Hermann Hoppe descreve em sua "Uma Breve História do Homem":

"Todos os detalhes da vida privada, propriedade, comércio e contrato são regulados... Em nome da segurança social, pública ou nacional, os cuidadores democráticos 'nos protegem' do aquecimento global e do resfriamento, cuidam contra a extinção de animais e de plantas e do esgotamento de recursos naturais. O Estado cuida nós de maridos e esposas, pais e empregadores, pobreza, doença, desastre, ignorância, preconceito, racismo, sexismo, homofobia e inúmeros outros 'inimigos' públicos e 'perigos'. No entanto, a única tarefa que o governo deveria assumir - proteger nossa vida e nossa propriedade - não funciona. Pelo contrário, quanto maiores os gastos do Estado com a segurança social, pública e nacional, mais os direitos de propriedade privada foram erodidos, mais a propriedade foi expropriada, confiscada, destruída e depreciada, e quanto mais as pessoas foram privadas do próprio fundamento de toda proteção: independência pessoal, força econômica e riqueza privada. Quanto mais leis em papel foram produzidas, mais incerteza jurídica e risco moral foram criados, e a ilegalidade deslocou a lei e a ordem. E enquanto nos tornamos cada vez mais dependentes, indefesos, empobrecidos, ameaçados e inseguros, a elite dominante de políticos e plutocratas tornou-se cada vez mais rica, corrupta, perigosamente armada e arrogante."

Em uma democracia, 'nós' somos agora o Estado, nós mesmos. O Estado não está mais separado da sociedade, da família e da comunidade local, mas está em nós, o povo. "Nós somos o Estado", a multidão exclama, animada pelos encorajamentos do próprio bando de animadores da torcida do Estado. Em uma democracia, o Estado não é apenas necessário, forma agora nossa própria identidade.

Uma análise mais profunda, no entanto, revela que a maioria dessas alegações populares é falsa. O estado não é sagrado. O Estado como o povo é uma ficção. Juntamente com Franz Oppenheimer em "O Estado" (1908), Murray Rothbard em sua "Anatomia do Estado" (originalmente publicado em "Igualitarismo como uma revolta contra a natureza e outros ensaios" 1974) explodiu completamente as justificativas comuns do Estado. Como aponta Rothbard em seu ensaio, a identificação das pessoas com o Estado leva a sérios erros. Levar o Estado para o povo fornece as bases para afirmar que se "o governo incorreu uma enorme dívida pública que deve ser paga taxando um grupo em benefício de outro, essa realidade de ônus é obscurecida dizendo que 'nós devemos a nós mesmos esta dívida. "Se o governo recruta um homem ou o lança na prisão por opiniões dissidentes, ele está 'fazendo isso para si mesmo' e, portanto, nada de desagradável ocorreu". Além disso, em uma democracia, o Estado não é 'nós', o governo não é 'nós'. Em uma democracia vive a ilusão que o "governo não representa o povo". O que, então, é o Estado, pergunta Rothbard, se o Estado não é uma família ou um órgão do qual todos fazemos parte? Sua resposta é que "o Estado é aquela organização na sociedade que tenta manter o monopólio da sociedade no uso da força e da violência em uma dada área territorial; em particular, o Estado é a única organização de uma sociedade que obtém sua receita não por contribuição voluntária e pelo pagamento de serviços da venda pacífica e voluntária desses bens e serviços a outros. O Estado obtém seu proveito pelo uso da força, com compulsão, que é, pelo uso e pela ameaça da prisão e da baioneta.

Em referência ao Joseph Schumpeter (Capitalismo, Socialismo e Democracia, 1942), Rothbard estende a definição do Estado de Max Weber como "a comunidade humana que (com sucesso) reivindica o monopólio do uso legítimo da força física dentro de um determinado território"(em "Politik als Beruf "1918) pelo aspecto de que o Estado vive de uma receita que é produzida na esfera privada para fins particulares e deve ser tomada afastado pela força política.

O anarco-capitalismo reconhece bem que o homem nasce neste mundo nu e desamparado e de total dependência do cuidado. Leva anos para um ser humano e desenvolver o raciocínio e adquirir as habilidades para manter sua vida pela própria produção. A associação social é uma necessidade no início da vida e uma exigência quando crescida, porque a cooperação social dentro da rede da divisão do trabalho aumenta a produtividade individual. A troca de mercadorias é natural para o homem. Quando as pessoas trocam mercadorias, elas trocam de propriedade. Portanto, os direitos de propriedade e o livre mercado formam uma parte vital da natureza humana.

Como Franz Oppenheimer elabora em "Der Staat" (1908), existem apenas dois meios de acumulação de riqueza: seja pela medida econômica ou por meios políticos. Os meios políticos estão nas mãos do Estado. O Estado é o instrumento para saquear a riqueza do setor privado. O instrumento político para adquirir riqueza é oposto ao caminho econômico. Enquanto o método econômico seja natural e benéfico para todos, o caminho político é antinatural e prejudicial à prosperidade geral. Por meio do Estado, alguns vivem à custa de todos.

Etapas no desenvolvimento do Estado
(baseado no Estado por Franz Oppenheimer)

SOCIEDADE SEM ESTADO PRE-HISTÓRICA	
SOCIEDADE SEM ESTADO I	Caçadores e coletores
SOCIDADE SEM ESTADO II	Pastores e Vikings
SOCIEDADE SEM ESTADO III	Nômades e guerreiros
SOCIEDADES COM ESTADO	
ESTÁGIO I	Conquista e aniquilação do conquistados
ESTÁGIO II	Conquista e submissão do conquistador
ESTÁGIO III	Capitalização e extração de tributo
ESTÁGIO IV	União territorial
ESTÁGIO V	Regra por arbitragem e tribunais
ESTÁGIO VI	Construção da nação
SOCIEDADE SEM ESTADO PÓS-HISTÓRICA	
SOCIEDADE COM AUTO-GOVERNO	Sociedade de direito privado
SOCIEDADE COM CIDADANIA VOLUNTÁRIA	Desaparecimento do Estado
ANARCO-CAPITALISMO	Sociedade de troca voluntária

FUNDAMENTOS DO ANARCO-CAPITALISMO

A base dos meios políticos não é uma troca voluntária, mas uma coerção. Não por um contrato social vem o Estado à existência, mas com conquista e submissão. O Estado começou com a agressão e passou por uma série de etapas até nossos dias atuais. Como Oppenheimer relata a história humana, a tribo conquistadora submete a tribo conquistada a fim de saquear. No entanto, em vez de completa exploração e eliminação, os conquistadores optam por um acordo pacífico com os conquistados. Os conquistadores se unem aos conquistados sob o guarda-chuva de um Estado comum como nação. Etapas

Da sociedade sem Estado dos caçadores e coletores e dos nômades e dos guerreiros, o Estado vem à existência com conquista e aniquilação. Com o tempo, os conquistadores aprendem a explorar os conquistados e usam a escravidão e outras formas de submissão em vez da aniquilação. Em vez de pegar o mel como um urso, o Estado age como um apicultor. De lá, emerge a união territorial dos conquistadores e dos conquistados. Quando a classe dominante atua principalmente como supervisores judiciais e de árbitros sobre os conquistados finalmente se fundem com o povo como um Estado-nação.

Esta etapa do Estado-nação prepara o caminho para a sociedade sem Estado do futuro, prevê Oppenheimer. O desenvolvimento econômico traz consigo que os meios políticos devem recuar contra os meios econômicos. Ainda mais que nos tempos de Oppenheimer, se vê hoje em dia a crescente importância do 'meio econômico' e como estes países atrasam onde ainda domina o 'meio político'.

Na história política da humanidade houve uma constante subida do método econômico à custa do esquema político. Escrevendo no início do século 20, Oppenheimer prevê que os milhares de anos de governo do Estado estão chegando ao fim: "O 'estado' do futuro será uma 'sociedade' guiada pelo autogoverno", declara ele. Então, por que o Estado como uma instituição opressora ainda está conosco? Por que ainda temos um Estado, pergunta Murray Rothbard, quando os meios políticos coercitivos e exploradores se opõem à lei natural? O caminho político não é produtivo, mas parasitário, "em vez de aumentar a produção, subtrai-o". Parasitismo é a natureza do Estado, também na sua forma democrática.

O Estado suga a riqueza do setor produtivo, diminui os incentivos para produzir. O Estado nos faz pobres. Na extensão das abordagens de Max Weber, Joseph Schumpeter e Franz Oppenheimer, Murray Rothbard define o Estado como "a sistematização do processo predatório sobre um determinado território". Enquanto os crimes privados acontecem esporádicos e o parasitismo individual é efêmero e possa ser rejeitado pelas vítimas, o Estado "fornece um canal legal, ordenado e sistemático para a predação da propriedade privada; torna certa, segura e relativamente 'pacífica' a tábua de salvação da casta parasitária na sociedade".

Porém, como a produção vem antes do consumo, o fornecimento de bens deve preceder sua predação. O Estado não pode existir antes da economia. Sem a existência de uma economia, não pode haver 'contrato social'. Sem uma base produtiva, o contrato social é um mito. Mesmo assim, o Estado ainda existe. Tem ao seu lado o aparato estatal e sua oficialidade. Estes, no entanto, não seriam suficientes se não fossem estes agentes expandidos através da propaganda do Estado. A força é o modus operandi do Estado, mas sim, a ideologia fornece a coerência na atuação do Estado.

Hoje em dia, ainda mais do que em tempos anteriores, os governos precisam do consentimento dos governados. À medida que o Estado de bem-estar social se aproxima de seu limite econômico, torna-se mais difícil usar a redistribuição como meio político para obter fidelidade em massa. O grupo de pessoas que recebe benefícios líquidos do Estado deve ser uma minoria. Para obter o apoio da maioria, as pessoas devem ser persuadidas por uma ideologia de que o governo é necessário e inevitável, que o Estado é benevolente e benéfico para todos.

Em sua "Anatomia do Estado" (1974), Murray Rothbard identifica os intelectuais modernos como os portadores da tarefa de entregar a ideologia do Estado. Os intelectuais, como formadores de opinião, servem como guarda-costas ideológicos do Estado moderno. O Estado e os intelectuais precisam um do outro. Os intelectuais do Estado são a classe sacerdotal dos nossos dias. O livre mercado não sustenta muitos intelectuais. Para ganhar a vida, eles precisam do financiamento do Estado. Existe uma aliança histórica entre o Estado e seus intelectuais. Junto com o funcionalismo, os intelectuais são a outra perna como o Estado mantém sua existência como máquina de exploração.

Juntamente com esses aliados na persona dos intelectuais, o moderno Estado secular também garantiu a "ciência" como sua afiliada. Enquanto o sacerdócio decora o Estado como sagrado, a ciência deifica o Estado como a razão última. Os guarda-costas do Estado moderno são o anfitrião de especialistas que encontram amplo emprego em ministérios, agências, comissões, universidades e na infinidade de instituições nacionais e internacionais. Rothbard (1974) revela que o "crescente uso do jargão científico permitiu aos intelectuais do Estado tecer uma apologia obscurantista para o domínio do Estado, que teria enfrentado apenas o escárnio da população de uma era mais simples". Esses especialistas ensinam que o roubo pelo Estado ajuda suas vítimas, que a economia precisa de políticas para sua estabilização, e que o emprego e o progresso econômico são a conquista do governo. Sob o manto da ciência, o Estado expandiu-se como nunca antes.

Hoje em dia é a 'ciência' que serve como aparato de propaganda para promover a agenda para a expansão do Estado moderno. Assim a exploração se tornou tão sutil que quase ninguém mais percebe. O Estado se protege e promove seu poder pelo medo. Se um inimigo estrangeiro é derrotado, o próximo já é escolhido. Inimigos domésticos abundam não apenas em um regime como a União Soviética de Stalin, mas também na moderna 'democracia'. O tabu de certos alimentos e estimulantes excede tudo o que é conhecido desde as primeiras religiões.

O Estado moderno em si está vestido com o pano da nacionalidade. A nação agora serve como fonte de paixão, obediência cega e a razão de exclusão e condenação daqueles indivíduos que não sucumbirão. O Estado democrático precisa da nação porque supostamente representa não o rei absoluto, mas o absolutismo do povo. Como Hans-Hermann Hoppe (Uma Breve História de Homens, 2015) aponta: "Sob a democracia, a distinção entre governantes e governados torna-se obscura. A ilusão até surge de que a distinção não existe mais". A democracia transforma as guerras limitadas do passado em guerras totais modernas, onde o inimigo deve ser degradado e desumanizado em favor da glória da própria nação. A competição dos partidos políticos sobre os votos é fundamentalmente diferente da concorrência numa economia de mercado. Em uma competição de mercado, o produtor compete pela venda de seus produtos contra pagamento. Em uma democracia, os políticos competem por votos em troca de favores. Os aparentes benefícios que os eleitores esperam receber consistem em vantagens como resultado da redistribuição coercitiva. Impulsionado pela política partidária, o Estado democrático caminha inexoravelmente para seu próprio fim. A bancarrota do Estado aparece em todo o mundo. A era socialdemocrata acabou. A capacidade do Estado de subornar está chegando ao fim. O que fazer depois do colapso do Estado democrático moderno? A resposta é anarco-capitalismo e a regra de uma "Sociedade de Direito Privado" (Hoppe). A fim de realizar essa mudança, a pré-condição é a separação entre os intelectuais e o Estado, da mesma forma que a separação entre a Igreja e o Estado havia derrubado o velho Estado. Cabe aos acadêmicos retirar seu endosso ao Estado. Os intelectuais não têm nada a perder além de suas correntes. A "marcha pelas instituições" acabou. Para aqueles que estudam agora, o caminho para a ascensão através do serviço do Estado está fechado.

Antony P. Mueller

A servidão voluntária

No seu ensaio sobre a política da obediência (Discours de la Servitude Volontaire), Etienne La Boétie (1530-1563) faz a pergunta central do domínio político: como é que um povo, como a maioria, se deixa dominar por um pequeno grupo, a minoria, e às vezes, no caso de um autocrata, cai nas mãos de uma única pessoa? Como é possível que as pessoas permitam que um pequeno grupo de homens torture, explore e abuse a maioria? Não é estranho, pergunta La Boétie, que este governante ditatorial, como um humano, seja muitas vezes um palhaço, fisicamente fraco, feminino, covarde e de mente fraca?

Enquanto é natural que uma criança obedece aos pais, depois de ter crescido e ganhado razão, quem iria querer ser servo de alguém e servir como um escravo de uma outra pessoa? A reflexão de La Boétie a estas perguntas indica que a causa da servidão humana não pode ser apenas coerção. Nenhum tirano tem tantos olhos que ele poderia monitorar uma nação inteira ou ter tantas mãos que ele poderia acertar as pessoas com tantos golpes. A resposta que La Boétie dar é obediência. Não a coerção explica a tirania, mas a 'servidão voluntária'.

A tirania pode vir através de eleições, pela força ou por herança. Embora os métodos diferem sobre como os governantes chegam ao poder, o método de dominação é sempre o mesmo. Todos os tipos de regras, incluindo elas da tirania, baseiam-se na submissão voluntária das pessoas. Como surgiu essa escravidão? Uma razão é, explica La Boétie, que em algum momento da história os seres humanos perderam sua liberdade, seja por conquista externa ou por corrupção interna. Depois disso, seguiu uma geração após a outra que já não sabia mais sobre a liberdade e o que ela significa. A submissão tornou-se um hábito.

O povo caiu em servidão e tornou-se complacente em sua condição de cativeiro. A natureza humana se tornou vítima das circunstâncias, do costume, e da educação. A propaganda sistemática do Estado completou esse processo de sujeição. Com o tempo, os traços do conhecimento da liberdade se perderam e o que restou foi apenas a experiência da servidão como o caminho natural da existência humana.

A segunda razão para a servidão é a resignação e o desvio. Embora a servidão torne as pessoas desconfortáveis, também faz as pessoas calmas em sua resignação quando outras preocupações além da liberdade ocupam sua mente. Os governantes sabem disso e fornecem os desvios do pão e do circo, da gula e da brincadeira. A alegria que vem com os desvios que a cultura de massa entrega extingue o desafio e o esgotamento emocional e mantém o povo em sua resignação política.

A terceira causa de submissão é o uso da religião pelo tirano. As pessoas gostam de acreditar em milagres e os governantes procuram a decoração que vem com cerimônias que celebram a divindade e a santidade. Os governantes criam uma teia de tabus e santuários. Em conjunto com o serviço da igreja, há o serviço do Estado. Desse jeito, a desobediência contra o Estado se torna um pecado, a rebelião se torna um ato de blasfêmia e o tiranicida se torna em um deicídio.

Como a quarta razão da servidão voluntária conta o papel de uma classe especial de pessoas que se posicionam entre o governante e o povo. Esses são os funcionários públicos, os intelectuais financiados pelo Estado e os ricos que lucram com o Estado. Essas pessoas aceitam o suborno do tirano porque não conhecem melhor ou porque estimam os benefícios que recebem mais do que sua liberdade e retidão.

Em uma monarquia, como era o caso no tempo em que La Boétie vivia, os cortesãos e a nobreza representavam esse grupo de privilegiados. Aos olhos de La Boétie, essas pessoas são os verdadeiros deploráveis. São pessoas que foram abandonadas por Deus e pela humanidade, que se humilham perante o rei e não se opõem ao tratamento degradante que recebem do seu senhor. Enquanto o resto da população obedece porque deve fazer o que foi dito, aqueles que fazem parte do séquito do rei ou do tirano "têm que pensar o que o rei quer que pensem". Esses bajuladores devem antecipar os desejos do autocrata e agradá-lo. Para eles, obedecer não é suficiente, eles devem adular o tirano. "Servir ele os destrói, mas espera-se que compartilhem sua alegria, abandonem seus gostos por ele, mudem sua própria natureza e sacrificam seu ser". As pessoas comuns devem apenas uma parte de sua existência ao tirano, mas os bajuladores devem tudo o que eles são e o que eles têm ao seu senhor.

A tirania faz com que todos sofram, inclusive o próprio tirano. O autocrata não pode dar nem receber amor. Ele não deve manter amizade. Ele está cercado de crueldade, desonestidade e da injustiça.

O que fazer contra essa tragédia? Como a humanidade pode superar a submissão? Como podemos sair dessa fraude e deixar para trás essa calamidade onde todos devem sofrer, incluindo o próprio tirano? Vamos esquecer as respostas eruditas e complicadas, diz La Boétie. A resposta é clara. O que precisa ser feito para evitar a servidão e livrar-se da tirania é a vontade e o desejo dos indivíduos de se libertar e permanecer livres.

O dom da liberdade é a posse natural da humanidade. Não requer justificação ou elaboração. Tudo o que precisamos é recuperar o sentido da liberdade. A liberdade não é um direito, mas uma escolha lembra La Boétie. Se fosse um direito, poderia ser tirado da mesma forma que foi dado. No entanto, a liberdade não é um direito, mas uma parte da natureza humana. Ela pertence naturalmente ao ser humano. Em seu otimismo juvenil (La Boétie escreveu seu tratado com um jovem provavelmente de 22 anos), Etienne exclama: "Esteja determinado a não ser mais servo e você será livre". Nenhum outro feito é necessário do que simplesmente parar de apoiar a tirania. Remova seu apoio, e o colosso perde sua posição e cairá.

A busca da anarquia não deve vir pelo fogo e pela raiva. O tirano não precisa ser derrubado do seu trono por outro homem que se torna o novo opressor após sua vitória contra o antigo. Ao longo da história, a consequência do ataque violento contra a tirania foi que os líderes da insurreição esvaziaram o trono apenas para ocupá-lo de novo. Conspirações para acabar com tiranos tendem a sair pela culatra e piorar as coisas. A insurgência não é o caminho para a liberdade. Não é necessário confrontar o tirano. O que precisa ser feito é remover o fundamento da tirania.

A tirania não repousa na força, mas na submissão. Para se livrar da tirania, as pessoas devem parar sua servidão voluntária. Não é o tirano que se coloca em sua posição e permanece nele, mas as pessoas que se submetem a ele. São as pessoas que alimentam o monstro. As pessoas devem parar para oferecer sacrifícios, devoção e idolatria, e o tirano cairá sozinho. Para acabar com a tirania do Estado, as pessoas devem deixar de aceitar a servidão. Eles não precisam tirar nada do tirano, o que eles devem fazer é parar de ceder.

Para obter a liberdade, e abandonar a tirania, os seres humanos não precisam mudar a essência de sua natureza. Tudo o que se deve fazer é abandonar o que impede o avanço individual. Quando o tirano não recebe mais a obediência e as pessoas não obedecem mais às suas ordens, o governante fica nu, sem qualquer poder e é desarmado dos instrumentos de seu domínio. Sem o apoio do povo, o tirano não é nada. Ele compartilha o destino de uma raiz que fica sem água e alimento: ela se transforma em um pedaço de madeira seco e morto: "Decida não servir mais, e você está livre de imediato. Eu não peço que você coloque suas mãos sobre o tirano para derrubá-lo, mas simplesmente que você não o apoie mais, então você o contemplará, como um grande Colossos cujo pedestal foi arrancado, queda de seu próprio peso e quebra em pedaços", diz La Boétie. Aprenda acreditar na anarquia.

Dois séculos depois de La Boétie, em 1841, David Hume ("Dos Primeiros Princípios do Governo") apresentou o mesmo princípio de servidão por consentimento com clareza e distinção: "Nada parece mais surpreendente para aqueles que consideram os assuntos humanos com um olhar filosófico do que a facilidade com que muitos são governados por poucos e a submissão implícita, com a qual os homens renunciam a seus próprios sentimentos e paixões aos de seus governantes. Quando perguntamos por que meio esta maravilha é efetuada, descobriremos que, como a força está sempre do lado dos governados, os governadores nada têm para apoiá-los, a não ser a opinião. É, portanto, na opinião apenas que o governo é fundado, e esta máxima se estende aos governos mais despóticos e militares, bem como aos mais livres e populares."

A história não termina aqui. Embora a submissão e a servidão voluntária tenham sido a regra, sempre haverá alguns que sentirão o jugo da escravidão e tentarão se livrar dela. Tais pessoas nunca desaparecerão completamente desta terra, La Boétie afirma: "Mesmo se a liberdade tivesse perecido inteiramente da terra, tais homens a inventariam." O desejo de liberdade não pode ser extinto. Alguns extraordinários sempre reacenderão a luz da liberdade. Embora não conheçam a liberdade como realidade, podem imaginá-la e sentir o espírito de liberdade. Esses homens, embora roubados de sua liberdade, sabem que ela existe. Isolados um do outro, cada um deles está perdido em seu próprio mundo espiritual, mas quando eles obtêm os meios para se comunicarem uns com os outros, o fim da tirania chegou.

Antony P. Mueller

A chamada do indivíduo

O principal expoente da filosofia do anarco-individualismo é Max Stirner (1806-1856). Em seu "Der Einzige und sein Eigenthum" (Leipzig 1844/45) - "O único e sua propriedade", ele afirma que, para chegar a si mesmo, é preciso se livrar do anfitrião de influências externas prejudiciais que subjugam e dissolvem a essência de ser um só como a si mesmo (*Eigentlichkeit*).

O anarco-individualismo reconhece a sociedade. É uma mentira óbvia que o homem nasce livre. Do nascimento à morte, o homem faz parte não apenas da sociedade em geral, mas de uma sociedade específica no tempo e no espaço. Para o anarco-individualista, a tarefa humana não é mudar a sociedade e trocar um regime de poder pelo outro - como foi procurado tantas vezes. O que importa é libertar-se da sociedade como individuo, tornar-se o máximo que puder. O egoísmo não é anti-social. Ao seguir o caminho do egoísmo, contribui-se - sem intenção - para uma sociedade melhor, explica Stirner.

Agir como um egoísta racional promove uma sociedade melhor. A melhor sociedade é uma sociedade sem Estado composta de egoístas racionais. Max Stirner diagnostica que a virada do século XVIII para o XIX marca o início da 'época política'. A ruptura veio com a Revolução Francesa. O Estado tornou-se o novo Deus. As pessoas se tornaram insanas em seus desejos de servir a esse Deus mundano. O culto do Estado tornou-se a nova religião. Servir ao Estado tornou-se o mais alto ideal de todos e servir com funcionário do Estado chegou a ser a maior honra de todos.

No entanto, o Estado não se importa com o indivíduo, sobre "o que sou eu e o que é meu". O Estado só se preocupa consigo mesmo. O indivíduo não é nada para o Estado. O homem individual é aleatório para o Estado. Para o Estado, o indivíduo nada mais é que uma contingência. O ponto é que o Estado não pode entender o indivíduo porque o indivíduo transcende a compreensão do Estado, explica Stirner. Os conceitos do Estado, o entendimento do Estado, são limitados demais para compreender um indivíduo. Porque o Estado não pode compreender o indivíduo, o Estado não pode fazer nada para promover a individualidade de um homem.

Nesta situação, a atitude adequada do indivíduo em frente do mundo é que fazer nada por causa de Deus ou por causa da humanidade, mas apenas por si mesmo. A morte do velho Estado e a abolição e a limitação constitucional da monarquia não liberaram o indivíduo. As revoluções democráticas provocaram o nascimento da política e a adoração do Estado. A ideia do Estado entrou no coração do povo e despertou um novo tipo de entusiasmo: o delírio nacional. Servir o Estado como o novo Deus do mundo tornou-se uma adoração e um novo culto. Com a vitória do liberalismo clássico, a época do político começou. Para servir o Estado e sua mistificação à medida que a nação se tornou o ideal supremo, o interesse do Estado tornou-se o maior interesse e o serviço civil (mesmo sem ser funcionário público) tornou-se a mais alta honra.

Esta queda histórica marca a origem dos horrores do mundo moderno. O protagonista deste novo mundo é o político e os partidos políticos. Um político é uma pessoa cujo objetivo é mudar as pessoas e o mundo por meio do Estado. A dominação é o objetivo do político e o aparelho de Estado é o instrumento. Quanto maior e mais eficaz o Estado, melhor o Estado serve como meio da supressão e do controle.

A força do Estado é universal para o político - apenas comparável ao poder de Deus. O desejo do político é um Estado onipotente não menos que a onipotência do santo Senhor. No entanto, ao fazer isso e tomar o Estado como sua ferramenta, o político sofre de uma grande ilusão. O Estado não é o jeito mais abrangente nem o mais eficaz de atuar com indivíduo, embora o aparato governamental é a máquina de dominação mais visível. O indivíduo não submisso é mais vigoroso que o Estado - um fato que emerge visivelmente nas fases do colapso de governos.

Na medida em que o político quer dominar e governar, ele mesmo está sob a autoridade do seu próprio partido político. Portanto, ser político significa não ser livre. Como membro de um partido, o político deve adotar o credo do seu partido, ele deve seguir as regras do seu partido e ele tem que aderir aos princípios do seu partido. A verdade é que o partido político é o dono do político. O povo sabe que os políticos são falsos porque, embora pretendem estabelecer as regras e ser os mestres, eles mesmos são a vítima deplorável do sistema.

Os políticos nunca podem representar o indivíduo. Eles têm o Estado em suas cabeças e em seus corações, não o homem individual. Os políticos não acreditam no indivíduo, acreditam no Estado. Os políticos são possuídos pelo Estado, eles são "crentes do Estado" e, portanto, os políticos são os inimigos do indivíduo. Os políticos evocam o 'bem comum' como meta. No entanto, a ideia de um 'bem comum' é uma grande ilusão. "O bem comum não é o meu bem", escreve Stirner: "O Estado elogia o bem comum, enquanto eu sofro, o Estado brilha, enquanto eu definho".

O liberalismo político da burguesia não liberou o indivíduo. Para Stirner, 'liberalismo' significa a aplicação da percepção racional aos problemas humanos, e assim o objetivo do liberalismo é uma 'ordem raciona', uma 'conduta moral' e uma 'liberdade limitada'. O liberalismo se opõe à anarquia, à ilegalidade, à própria individualidade e, na medida em que a racionalidade governa, a pessoa individual torna-se em um sujeito do Estado.

Sob o liberalismo, o indivíduo não é seu próprio mestre. A razão, o racionalismo, deve prevalecer, diz o liberalismo, também à custa do indivíduo e em detrimento das peculiaridades da personalidade de uma pessoa. Em vez de uma era de liberdade, a vitória do liberalismo político do século 19 marca o começo da totalidade de uma 'época do político'.

O anarquismo individualista é o caminho para superar os horrores do Estado moderno. O anarco-individualismo passa a existir como uma associação de egoístas racionais em desafio do Estado. Uma associação dos individualistas é possível porque o egoísmo individual é diferente do egotismo, do egoísmo irracional e sem limite. O egoísmo racional não é hedonismo. O egoísta racional é prudente, sua mente está equilibrada. Ele abomina a gratificação imediata que vem com paixão e prazer. O egoísta racional não é não é anti-social.

A sociedade como uma associação de egoístas racionais não requer governante. A sociedade comercial existe como relações de troca voluntária. O egoísta racional não precisa nem quer um governante. Da mesma forma, quando ele rejeita o governo, o egoísta racional rejeita os outros governantes que podem dominá-lo, como a ganância por dinheiro, as paixões para o poder ou de fama.

Não o egoísta individual é egoístico, mas as entidades verdadeiramente egoístas são os coletivos, como a nação, a família, a igreja e o Estado. Enquanto o egoísmo do indivíduo é natural e benigno, o egoísmo desses coletivos é artificial e brutal. Enquanto o egoísmo do indivíduo é contido, o egoísmo dos coletivos é ilimitado. Os coletivos podem alegar altruísmo, mas sua identidade genuína é a aplicação do terrorismo moral como forma de se manterem. Enquanto um egoísta racional pode voluntariamente agir de forma altruísta em circunstâncias específicas ao servir suas necessidades, um coletivo, ao contrário, aplicará pressões morais para forçar seus membros a abrir mão de seus próprios interesses em favor do chamado bem comum do coletivo.

Os coletivos são entidades egoístas brutais, e o mais frio, o mais brutal e mais brutal de todos os coletivos é o Estado. O Estado é aquela instituição peculiar, que combina sistematicamente o terror moral com a força física. Há um conflito permanente entre o individual e o coletivo. O individual e o coletivo são inimigos naturais. O indivíduo é uma coincidência do coletivo. O coletivo olha apenas depois de si, enquanto o indivíduo deve cuidar de si mesmo. O interesse do indivíduo é em si mesmo, mas o coletivo quer tudo por si e nada para o indivíduo.

O coletivo exige autonegação e quer manter o indivíduo como sujeito. No entanto, o indivíduo quer a si mesmo e nada mais do que a si mesmo. Como Max Stirner explica, o poder do coletivo é a impotência do indivíduo. A humildade do indivíduo é a soberania do coletivo. O coletivo governa através da renúncia dos indivíduos. O desânimo do indivíduo fornece a coragem do coletivo para exigir a submissão do indivíduo sob a autoridade do coletivo. Tudo o que alguém, como indivíduo, pode ser, não se torna através do coletivo, mas contra o coletivo.

Coletivos exercem opressão moral. Suas ferramentas são os falsos deuses do dever, do orgulho e do sacrifício. Diferente da associação de egoístas racionais, o coletivo não dá compensação. O padrão de troca entre indivíduos e reciprocidade, porém, no coletivo, não é reciprocidade, mas extração. De todas as entidades coletivistas, o mais horrível é o Estado. O Estado é o coletivo mais supressivo e mais perigoso e, portanto, o maior inimigo do indivíduo, porque o Estado é o coletivo com o acesso mais abrangente à aplicação da violência.

O Estado moderno é o maior propagador da miséria moderna. A alienação moderna não é o resultado da divisão do trabalho, mas resulta da submissão do indivíduo sob o poder todo-abrangente do Estado. O Estado é o grande trapaceiro da era moderna reclama Stirner. Os políticos prometem justiça, liberdade e igualdade e, em contrapartida, exigem todo o poder para si próprios, na forma de obter o poder do Estado. Ao prometer tudo, o Estado toma tudo e torna o indivíduo impotente. Para o Estado, a reivindicação de legalidade é a reivindicação de violência. A lei é criada pelo poder do Estado, mas um direito que é concedido não é um direito e um tipo de liberdade que não é alcançado por si mesmo não é liberdade.

A justiça é um instrumento da tirania e a justiça social é a ferramenta da tirania absoluta. A igualdade é a maior de todas as mentiras do Estado. O desejo de igualdade já é fraudulento, afirma Max Stirner. A saída do cativeiro sob o Estado moderno é a livre associação de egoístas para além do Estado. No entanto, sob o atual sistema de um Estado abrangente, não se pode esperar que muitas pessoas encontrem seu caminho para si mesmas. A maioria das pessoas só se dará conta de sua individualidade quando o cativeiro coletivista terminar e quando o Estado se for. Não haverá liberdade enquanto existir um Estado. Acabar com o Estado é o grande desafio do nosso tempo.

Numa reviravolta dialética da dimensão hegeliana, a abolição do Estado é um ato político. Acabar com o Estado pode ser o último e o maior feito coletivo, a última e a maior conquista da política, e pode ser a verdadeira missão histórica dos partidos políticos. Tipos de egoísmo O egoísmo racional, tal como é promovido por Max Stirner, precisa ser confundido com o egoísmo psicológico e ético. O egoísmo racional é um interesse próprio ponderado, enquanto o egoísmo psicológico é patológico. O egoísmo ético também está fora da tela do conceito de egoísmo de Stirner porque implicaria uma obrigação moral, que vai completamente contra o impulso da filosofia de Max Stirner.

Antony P. Mueller

O que é anarquismo?

Quando vamos além da mera explicação do conceito 'anarquismo' como sendo de origem grega, composta de 'an' (contra) e 'arkhos' (líder), as coisas ficam confusas, porque 'anarquismo' também é um termo político, e, como todos os termos políticos, trata-se de um conceito polêmico. No sentido de "ausência de governo", o termo surgiu na França na década de 1530 como 'anarquista' e a partir da década de 1660 foi usado como expressão geral para a ausência de autoridade e de um estado de confusão. Com o surgimento de filósofos e atores políticos que se chamavam explicitamente de 'anarquistas', o termo ganhou seu significado moderno na primeira metade do século XIX como 'ordem sem poder', 'sociedade sem estado' e 'governo direto'.

Alguns historiadores do anarquismo rastreiam as raízes do anarquismo para Lao Zi, os antigos gregos e os estoicos, enquanto outros localizam a origem do anarquismo nas décadas após a Revolução Francesa. Também como conceito, 'anarquismo' tem muitas camadas. Muito mais do que um termo específico, anarquismo é um conceito genérico que engloba uma ampla gama de significados e contradições. Qualquer que seja o propósito de classificação, uma distinção necessária deve ser feita entre anarquismo 'político' e 'filosófico', de um lado, e entre anarquismo 'individualista' e 'coletivista', do outro lado. Há pouco tempo, as diferenças na perspectiva popular não existiam e o termo 'anarquista' era plenamente identificado com um 'anarquista' político, de orientação coletivista. Porém, este grupo não pode ter uma reivindicação legítima sobre o título de 'anarquista'. Afinal, 'anarquismo político' significa estar envolvido em atos políticos, variando de agitação pública até participação em guerras (como aconteceu na guerra civil espanhola com os anarquistas sindicalistas). Vale lembrar que, para o anarquista filosófico com uma orientação individualista, a agitação pública e a participação em atos políticos representam uma contradição fundamental contra a ideia do anarquismo.

Os representantes do anarquismo político, como Pierre-Joseph Proudhon (1809-1865), Mikhail Bakunin (1814-1876) e Peter Kropotkin (1842-1921), participaram ativamente das lutas políticas de seus dias e não foram menos beligerantes do que suas almas gêmeas comunistas. Algo mais coloca o anarquista político também próximo de seus irmãos comunistas: sua exigência de igualdade econômica. A esse respeito, os 'anarquistas políticos' cometem o mesmo erro que os comunistas, porque ignoram que a desigualdade está na natureza do homem, e os esforços para tornar igual algo naturalmente desigual exigem força e, portanto, são profundamente anti-anarquistas. Mais ainda, ao participar das batalhas políticas, os anarquistas políticos traem o princípio do anarquismo de se opor à política. O que é mais política do que a luta para ganhar o controle do aparelho de Estado?

Infelizmente, os livros mais amplamente distribuídos sobre o anarquismo, como, por exemplo, o "Anarquismo" de Colin Ward, que apareceu na série Oxford de 'apresentações muito curtas' (Colin Ward: Anarchism. A very short introduction. Oxford University Press. 2004) ignoram amplamente a diferença entre o anarquismo político e filosófico e dedicam quase todas as suas considerações ao anarquismo político. Ward está na tradição de outros escritores sobre o anarquismo, como o livro de quase quinhentas páginas de George Woodcock de 1962 (Anarchism), que teve muitas reimpressões como um livro de bolso da Penguin e foi traduzido para muitas línguas. Da mesma forma, o tratado de Peter Marshall de mais de 700 páginas, chamado "Exigindo o Impossível: Uma História do Anarquismo" (HarperCollins) de 1992, que desfruta de muitos leitores, não fornece uma análise profunda do ramo filosófico do anarquismo, mas detalha a luta entre os anarquistas políticos e a luta dos anarquistas políticos contra os comunistas.

O anarquismo filosófico é diferente do anarquismo político não porque é passivo, mas porque não escolhe o modo político de realizar uma ordem anarquista. Os anarquistas filosóficos sabem que, ao longo da história, a substituição forçada de um governante apenas esvaziou a cadeira para que o próximo tomasse o poder. Os anarquistas filosóficos também sabem que a dominância não vem da força, mas do consentimento dos dominados. O caminho certo a seguir, portanto, não é o confronto com o poder do Estado, mas remover o apoio ao Estado. Os anarquistas filosóficos seguem a percepção de que é a opinião pública que produz a servidão voluntária e que a submissão torna a tirania possível. A tarefa do anarquista filosófico é a iluminação, não a rebelião.

O caminho do anarquista político é mais o motim que a insurreição. Porém, o caminho para uma sociedade livre vem da mudança da opinião pública. Embora este caminho pareça longo, uma revolução violenta não é uma alternativa porque não leva em parte alguma ao sucesso, mas na maioria das vezes só traz reveses na batalha pela liberdade. Vale lembrar que as mudanças de opinião acontecem de forma exponencial. Por muito tempo, pode parecer que quase não há progresso. No entanto, com o passar do tempo, a curva fica mais íngreme e, finalmente, as coisas mudam durante a noite.

Os anarquistas filosóficos enfrentam apenas a si mesmos como inimigos quando desistem e se demitem. Diferente do anarquismo político que surgiu na agitação da revolução, o anarquismo filosófico pode ser rastreado até a era pré-cristã.

A linha do tempo dos pensadores nessa tradição do anarquismo filosófico é impressionante. Pode-se reivindicar o chinês Lao-Zi (que morreu em 533 a. C) como um dos primeiros representantes conhecidos de uma filosofia política antiautoritária

("No governo, não tente controlar"), a escola grega dos cínicos e dos estoicos, bem como os muitos elementos do pensamento anarquista no budismo e hinduísmo.

Zeno de Citium (ca. 334-262 a. C, seguindo os passos de Diógenes de Sinope (falecimento em 323 a. C.), defendia formas anarquistas de sociedade por volta de 300 a.C. O modelo do Zeno de uma república não precisa de estruturas estatais. Em oposição a Platão (cerca de 425 até 348/347 a. C). Zeno se opôs à onipotência do Estado, contra a intervenção governamental e contra a arregimentação do Estado. Zeno argumentou que a sociabilidade natural do homem mantém seu egoísmo sob controle.

Mais conhecidos que Zeno e Diógenes são os escritos de Epicuro (341 a. C. até 270 a. C). Seguindo o materialismo atômico de Demócrito, a filosofia de Epicuro se opõe à superstição e à intervenção divina. Como o pensador original do que hoje em dia é chamado de 'epicurismo', Epicuro promoveu o hedonismo e rejeitou a participação na política, por causa de sua conexão com o desejo de poder e o desejo de fama.

A Roma Antiga foi a própria antítese do anarquismo. Os estoicos Epiteto (50 a 135) e Marco Aurélio (121-180) são os poucos pensadores da Roma antiga com alguma conexão com o anarquismo. Nós não sabemos qual filósofo viveu no reino comercial de Cartago e contribuiu para o pensamento anarquista. Nas três Guerras Púnicas (264 a. C. - 146 a. C.), o militarismo romano eliminou Cartago e apenas um monte de pedras sobrou. O império comercial cartaginês era uma das comunidades economicamente mais desenvolvidas, uma comunidade totalmente comercial com fortes características anarco-capitalistas. Talvez os cartagineses não tivessem filósofos libertários ou anarquistas porque não precisavam deles, já que eles já eram praticantes de uma sociedade sem Estado.

Na Idade Média, Meister Eckhart (ca. 1260 - ca. 1328) alcançou proeminência como teólogo e místico. Seus escritos tiveram uma grande influência no pensamento do anarquista comunitário Gustav Landauer (1870-1919), que por sua vez inspirou o movimento sionista de kibutzim.

No que diz respeito à filosofia do final da Idade Média, deve-se prestar homenagem às grandes contribuições dos escolásticos portugueses e espanhóis, particularmente as obras de Francisco Suárez (1548-1617), com a promoção de conceitos como utilidade subjetiva, soberania pessoal e justificação do tiranicídio.

Na esteira da Reforma, vários movimentos anarquistas de caráter cristão apareceram, como os Hussitas, os Adamitas e os primeiros Anabatistas. Conhecida como a "Rebelião de Münster", os Anabatistas estabeleceram um governo sectário comunal de curta duração em 1534, que foi derrubado em 1535. Os poucos sobreviventes fugiram para a Rússia, onde estabeleceram comunidades autônomas semelhantes ao que é conhecido como Amish nos Estados Unidos. Os Anabatistas na Rússia tiveram uma vida comunitária tranquila por séculos, até serem massacrados pelos Comunistas depois da fundação da União Soviética.

FUNDAMENTOS DO ANARCO-CAPITALISMO

No início da era moderna, os primeiros grandes documentos do pensamento antiautoritário foram "O Elogio da Loucura" (1511) por Erasmo de Roterdão (1466-1536), seguido da "Servidão Voluntária" (publicada em 1576) por Etienne La Boétie (1530-1563). Ambos são clássicos que não perderam nada da sua relevância.

Um marco no desenvolvimento do pensamento libertário e da anarco-filosofia veio com a publicação de "The Humbing Hive, or Knaves Turn'd Honest" em 1705, mais conhecido em seu último título como "Fábula das Abelhas - Vícios Privados, Benefícios Públicos" por Bernard de Mandeville (1670-1733). Sem esse avanço intelectual e essa profunda transformação de valores morais, nem as teorias econômicas de Adam Smith nem as ideias filosóficas de David Hume teriam surgido, e todas essas três motivaram Immanuel Kant (1724-1804) a escrever sua promoção de paz mundial de uma comunidade de repúblicas livres com o seu "Rumo a uma Paz Eterna" (1795).

Uma própria literatura anarquista surge com William Godwin (1756-1836), que usa o termo anarquismo com habilidade. Sua "Investigação sobre Justiça Política e sua Influência na Moral e na Felicidade" de 1793 é um clássico da literatura anarquista. Neste trabalho, Godwin denuncia o Estado como a instituição que, em vez da reivindicação de promover o progresso humano, restringe o avanço da humanidade.

Com um grão de sal, pode-se acrescentar a essa cronologia John Stuart Mill (1805-1873), particularmente seu ensaio "Sobre a Liberdade" (1859). Não é completamente falso quando alguns autores nomeiam Mill como o fundador da teoria do que hoje em dia é chamada "*liberalism*" nos Estados Unidos e em outros lugares é conhecido como 'democracia social'.

O primeiro tratado sobre o anarquismo individualista foi escrito por Max Stirner (1806-1856). Seu "*Der Einzige und sein Eigenthum*" (não corretamente traduzido como "O Ego e seu Próprio") foi publicado em 1844/45. Sua filosofia é uma denúncia radical de todos os coletivos que aterrorizam o indivíduo como fantasmas na forma de abstrações, como Deus, a nação ou a sociedade. O anarquismo individualista floresceu no século XIX nos Estados Unidos nos trabalhos de figuras tão conhecidas como Ralph Waldo Emerson (1803-1882), William Graham Sumner (1840-1910), Benjamin Tucker (1854-1939) e continuou a prosperar no século XX, com autores como Murray Rothbard (1926-1995), Robert Nozick (1938-2002) e muitos mais.

A Escola Austríaca de Economia está intimamente ligada à tradição anarquista nos Estados Unidos. Muitos estudiosos libertários também são economistas austríacos, como Murray Rothbard. A economia austríaca tem suas raízes nas contribuições acadêmicas de Carl Menger (1840-1921), Eugen von Böhm-Bawerk (1851-1914), Ludwig von Mises (1881-1973) e Friedrich Hayek (1899-1992). Esta escola, por sua vez, pode remontar suas raízes à escola de Salamanca e aos economistas franceses como François Quesnay (1694-1774), Anne Robert Jacques Turgot (1727-1781), Jean-Baptiste Say (1767-1832), e Frédéric Bastiat (1801-1850).

Cronologia do anarquismo moderno

Tipo	Representante	Principais trabalhos	Citação
Anarquismo Liberal	William Godwin (1756-1836)	Investigação sobre Justiça Política e sua Influência na Moral e na Felicidade (1793)	'O governo pretendia suprimir a injustiça, mas seu efeito foi incorporá-la e perpetuá-la.'
Ego-Anarquismo	Max Stirner (1806-1856)	O Ego and seu Próprio (1844)	'O que é liberdade? Ter o desejo de ser responsável por si mesmo.'
Mutualismo	Pierre-Joseph Proudhon (1809-1865)	O que é propriedade? (1840)	'Propriedade é roubo' 'Propriedade é liberdade' 'Anarquia é ordem'
Anarquismo Socialista	Mikhail Bakunin (1814-1876)	Deus e o Estado (1882)	'Liberdade sem socialismo é privilégio e injustiça, mas socialismo sem liberdade é escravidão e brutalidade.'
Anarco-sindicalismo	Rudolf Rocker (1873-1958)	Nacionalismo e Cultura (1937) Anarco-Sindicalismo: Teoria & Prática (1947)	'É o Estado que cria a nação, e não a nação que cria o estado.'
Anarquismo Comunista	Peter Kropotkin (1842–1921)	Campos, Fábricas e Oficinas (1899)	'Todas as coisas são para todos' 'Não compita!'
Anarquismo Comunal	Gustav Landauer (1870-1919)	Revolução (1907)	'nada além do renascimento de todos os povos fora do espírito da comunidade regional pode trazer salvação'
Anarquismo Feminista	Emma Goldman (1869-1940)	Anarquismo e outros ensaios	'Eu demando a independência da

		(1910)	mulher, seu direito de suportar a si mesma; de viver por si mesma; de amar quem ela quiser, ou quantos ela quiser.'
Anarquismo Individualista	Benjamin Tucker (1854-1939)	Liberdade Individual (1926)	'Cuide da sua própria vida' 'Agressão, invasão, governo, são interconvertível
Anarco-liberalismo (libertarianismo)	Murray N. Rothbard (1826-1995)	*A Ética da Liberdade* (1982)	'Governo é um bando de ladrões em larga escala'
Anarco-capitalismo	Hans-Hermann Hoppe (1849-)	*Democracia – o Deus que falhou*	'Democracia não tem nada a ver com liberdade'

Não importa se se acredita em Deus ou na seleção natural, desde que se atenha ao princípio de que ambos, individualidade e sociabilidade, são inerentes à natureza humana e, portanto, nenhuma força externa é necessária para o indivíduo viver e prosperar junto com outros indivíduos em uma comunidade. Individualismo e sociabilidade andam juntos.

O anarquismo propõe que a sociedade não precisa do controle externo. O anarquismo é anti-estatal e antigovernamental, mas não antissocial. Como as leis só são justificadas quando estão em harmonia com a natureza humana, nenhuma legislação estatal é necessária. As leis que são justificadas por natureza não precisam de codificação e todas as outras leis são ilegítimas. Leis contra a natureza humana carecem da legitimidade, além de não funcionarem, e leis em concordância com a natureza humana são desnecessárias.

Anarquismo é individualismo radical. A teoria do anarquismo rejeita a realidade dos coletivos e adere a um nominalismo filosófico. Coletivos como o Estado ou a Igreja são reais apenas na medida em que fazem parte do sistema de crenças de um indivíduo. O corpo comum do anarquismo é a busca da liberdade não no Estado ou sob o Estado ou como o Estado, mas contra o Estado e além do governo. Os anarquistas rejeitam o antigo conceito romano de *libertas* como uma constituição republicana de um governo popular, o conceito lockeano de liberdade como liberdade individual protegida pelo Estado, o conceito de liberdade como a *volonté général* por Rousseau ou a liberdade como incorporada na racionalidade do Estado conforme a filosofia de Hegel.

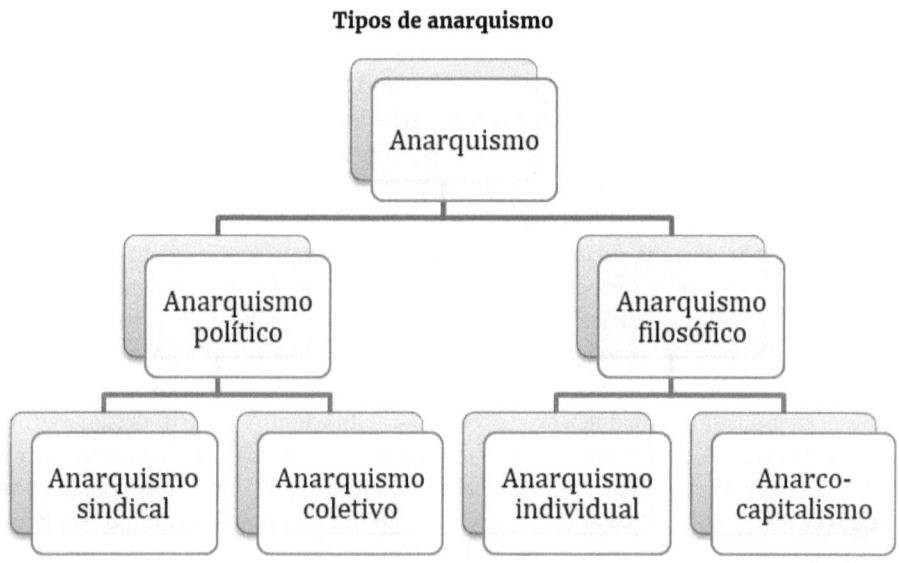

Tipos de anarquismo

A distinção entre anarquismo político e filosófico é importante porque é apenas parcialmente uma separação entre política e teoria, como é comum também em outras áreas, como na economia, por exemplo. Quanto ao anarquismo, a distinção se refere também ao método de como estabelecer uma sociedade anarquista. O caminho para os anarquistas políticos é o ativismo político, o lançamento de partidos políticos e o uso de proezas políticas diretas. Os anarquistas filosóficos, em contraste, querem trazer a sociedade anarquista através de meios indiretos, através da mudança da opinião pública e por privatizações incrementais. O método dos anarquistas políticos é político e de confronto; o método dos anarquistas filosóficos é persuasivo e econômico.

Uma outra distinção é entre o anarquismo individualista e coletivista. O anarco-sindicalismo procura estabelecer uma sociedade anarquista através da mobilização da classe trabalhadora Nesse sentido, esse movimento é um rival imediato dos comunistas que afirmam ter o mesmo 'sujeito revolucionário'. Não é surpresa que a competição entre esses dois grupos tenha sido feroz e combativa. Nas grandes batalhas políticas do século passado, os anarco-sindicalistas eram frequentemente mais inimigos dos comunistas que dos socialdemocratas. Nas trincheiras da guerra civil espanhola, as facções do anarquismo político lutavam tanto umas contra as outras quanto contra os fascistas, seu inimigo comum.

O anarquismo coletivista compartilha o ideal comunista de propriedade comum, mas se opõe ao governo de um partido. Os principais representantes do anarquismo coletivista, como Peter Kropotkin (1842-1921), eram rancorosos inimigos do regime soviético, como foi estabelecido em 1917. O anarquismo coletivista fez importantes contribuições para as comunidades de kibutzim do movimento sionista durante o período da fundação de Israel. Os principais representantes do anarquismo filosófico são o anarquismo individualista e o anarco-capitalismo. A própria designação de 'individualista' já proíbe essa linha de pensamento de formar partidos políticos ou lutar juntos em grupos partidários. Seria errado, no entanto, classificar o anarquista individualista como solitário ou antissocial. Nem mesmo o mais radical dessa linha de pensamento, Max Stirner, pediu o abandono da cooperação social e comunitária. Seu ideal era uma 'associação de egoístas', onde um egoísmo corresponde ao dos outros, e todos os membros são beneficiários que lucram com o intercâmbio social e a divisão do trabalho.

O anarco-capitalismo é baseado na economia. A principal diferença para as outras formas de anarquismo é que o anarco-capitalista não promove nem propriedade comum nem igualdade de renda e riqueza. O anarco-capitalismo exige mercados livres tão extensos e tão intensivos quanto possível, baseados no respeito pela propriedade privada. A teoria do anarco-capitalismo sustenta que, sob a condição de capitalismo livre, as diferenças de riqueza e renda surgirão apenas temporariamente para produtores específicos e serão eliminadas mais cedo ou mais tarde por causa do progresso técnico e da livre entrada no mercado. Além disso, o anarco-capitalismo postula que, sob as condições de livre concorrência com baixas barreiras à entrada e saída no mercado, o progresso tecnológico ocorrerá mais rapidamente, com mais frequência e continuamente, de modo que o efeito disruptivo da mudança será menor do que em uma sociedade mais lenta, onde os interesses sociais e políticos têm tempo para ganhar posições de poder e onde o hábito torna as pessoas conformistas.

Para o anarco-capitalista, a liberdade e a prosperidade têm sua âncora na propriedade privada. Dessa forma, Hans-Hermann Hoppe explica a ética rothbardiana: "Todo mundo é o próprio dono de seu próprio corpo físico, bem como de todos os lugares e bens da natureza que ele ocupa e põe em uso por meio de seu corpo, contanto apenas que ninguém mais tenha ocupado ou usado os mesmos lugares e bens antes dele. Essa propriedade de lugares e bens 'originalmente apropriados' por uma pessoa implica seu direito de usar e transformar esses lugares e bens da maneira que julgar adequada, desde que não mude, por isso, sem convite, a integridade física de lugares e bens originalmente apropriados por outra pessoa. Em particular, uma vez que um lugar ou bem tenha sido apropriado pela primeira vez ao, na frase de John Locke, 'misturar seu trabalho' com ele, a posse em tais lugares e bens pode ser adquirida apenas por meio de uma transferência voluntária – contratual – de seu título de propriedade de um proprietário anterior a um posterior."

Uma dificuldade compartilhada por todas as variantes do anarquismo é o problema de que a liberdade existe em um campo de tensão trilateral. Um olhar para as dimensões da liberdade deixa claro que a plena liberdade está além da capacidade humana. Nunca haverá completa "liberdade de" ou "liberdade para" de "liberdade por".

Tipos de liberdade

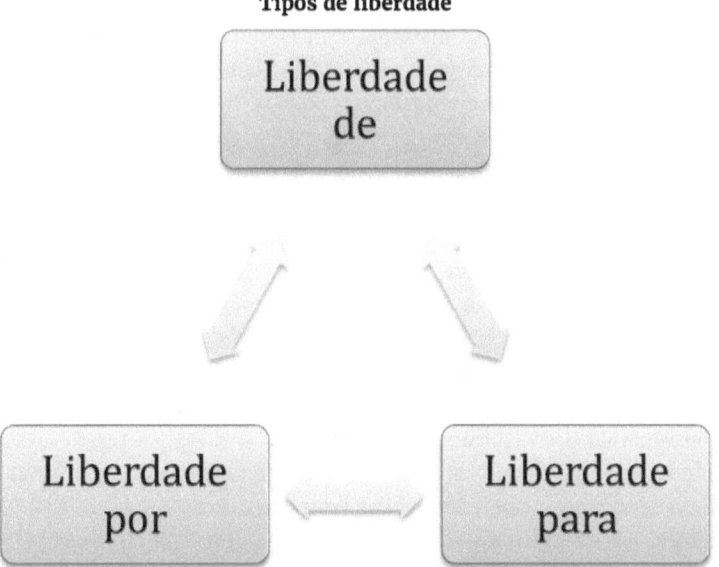

O melhor que se pode esperar alcançar é um alto grau de "liberdade de", como a liberdade da tirania e da miséria.

Após o desastre da Guerra Civil Espanhola para o movimento anarquista político, o anarquismo político perdeu muito de seu apelo. Até mesmo o movimento dos kibutzim se esgotou em grande parte. O fascismo, o nazismo e o comunismo desapareceram e, com eles, o anarquismo político como seu principal contra-ataque. O que vive e ganhou mais ímpeto desde o começo da segunda metade do século XX é o anarquismo filosófico, tanto como anarquismo individualista quanto como anarco-capitalismo. Não há exclusão mútua entre o anarquismo individualista e o anarco-capitalismo. Cada linha de pensamento enfatiza um ponto um pouco diferente. O anarquismo individualista enfoca principalmente a "liberdade de" - ser a própria personalidade como se deseja desenvolver. Tanto o anarco-capitalismo quanto o anarquismo individualista exigem a "liberdade de", como a liberdade de expressão, e reivindicam tanto "liberdade de" quanto possível, no sentido de se libertarem da tirania e da miséria econômica.

***

Os livros estão na prateleira, o conhecimento se espalhou, mas ainda não havia chegado o tempo nos séculos passados para perceber a utopia de uma sociedade livre. Os meios políticos ainda eram poderosos demais em comparação com os meios econômicos, como diz a famosa distinção apresentada por Franz Oppenheimer. Em seu livro sobre servidão voluntária, Etienne de La Boétie lamentou que, mesmo sob a pior supressão pela tirania, sempre haverá alguns homens eminentes que sabem sobre liberdade, que sentem o espírito de liberdade, mas com censura, dificuldades de transporte e os meios de comunicação sob controle estatal, essas pessoas de mente livre têm dificuldade em se comunicar e permanecem solitárias em seus esforços.

Em nossos tempos, essas condições mudaram. As restrições à comunicação e ao transporte diminuíram. Tudo o que precisamos é manter e recuperar o direito de liberdade de expressão. O direito de portar armas como armamento do povo contra a tirania não é suficiente sem a liberdade de expressão. Esses dois direitos estão juntos, e não é uma coincidência que eles estejam lado ao lado como a primeira e segunda emenda da Constituição Americana. Hoje, a principal tarefa do anarquista filosófico é seu engajamento pela liberdade de expressão, porque é o único caminho pelo qual uma mudança de opinião pública pode acontecer.

Diferente dos intelectuais do Estado, os anarquistas filosóficos não irão manipular. Seu uso da mídia não é para doutrinar as pessoas. É o credo dos anarquistas filosóficos de que a liberdade não é uma quimera, que não é algo que vem do exterior para o coração dos homens, mas está dentro de todos, que não é um apego à natureza humana, mas está no cerne de sua própria existência. A liberdade de expressão é o meio para se expressar, para se distinguir, para falar sobre seus desejos e suas condições. A liberdade de expressão significa expressão humana. Sem liberdade de expressão, a essência de ser humano se perde. A única maneira de extinguir a luta humana pela liberdade é suprimir a liberdade de expressão. Enquanto a liberdade de expressão estiver conosco, a liberdade do homem está segura. Enquanto pudermos falar livremente, a luz da liberdade brilhará e a mensagem da liberdade se espalhará.

Estrutura da demarquia

O atual sistema de capitalismo de Estado tornou-se um obstáculo para a criação de riqueza. Sob o sistema político da moderna democracia partidária, há uma pressão constante para expandir o governo. O governo da democracia partidária mina a economia de livre mercado. O intervencionismo e a tributação tornaram-se a marca registrada do Estado moderno. Para trazer a economia de volta ao caminho da prosperidade, uma mudança fundamental deve ser feita: não apenas com a ordem econômica, mas também com o governo. Ainda mais, o avanço também deve abranger a atitude espiritual. O triunfo do capitalismo livre vem com a libertação da autolibertação do indivíduo.

O anarco-capitalismo e o anarco-individualismo são os dois lados da mesma moeda de uma república livre. A presente ordem está sob a plena autoridade do Estado. Embora o liberalismo clássico ainda pudesse fazer uma distinção entre família, sociedade, nação e estado, essas distinções desapareceram no Estado moderno, que se tornou totalitário não apenas em sua formação fascista ou socialista. O Estado moderno, em sua forma atual de democracia, aparece apenas de maneira gentil em sua aparência. Por trás dessa fachada, esse Estado é tão violento e repressivo como qualquer um de seus predecessores.

O Estado moderno tornou-se abrangente e inclui sob sua autoridade a nação, o governo e o povo.

Estado total

Para distinguir o Estado atual de uma política de homens livres, um termo apropriado parece ser "anarco-republicanismo". O anarco-republicanismo é um sistema político cujos elementos constituintes são propriedade pessoal, propriedade privada, associação voluntária e não-agressão. O anarco-republicanismo define uma política baseada na associação voluntária de pessoas livres para o alcance cooperativo de objetivos individuais, uma política que é uma república (*res publica*), em seu verdadeiro sentido, diferente de organizações estatais hierárquicas, ditatoriais e autoritárias.

Quanto ao seu governo, a anarco-república requer uma ordem cuja autoridade não é o Estado, mas o povo como o termo "república" no sentido de '*res publica*' - assuntos públicos - denota.

Regra da *res publica*

```
┌─────────────────────────────────────────┐
│              Res publica                │
└─────────────────────────────────────────┘

┌───────────────────────┐  ┌──────────────┐
│   Assembleia Geral    │  │   Órgão de   │
│                       │  │  Supervisão  │
└───────────────────────┘  └──────────────┘

┌───────────┐  ┌────────────┐  ┌──────────────┐
│   Leis    │  │  Apparato  │  │   Agência    │
│  gerais   │  │  policial  │  │ governamental│
└───────────┘  └────────────┘  └──────────────┘
```

A estrutura de tal política seria composta por uma Assembleia Geral composta de membros escolhidos por sorteio, um Conselho de Supervisão como um comitê especial como parte da Assembleia Geral e do governo, que exerce as funções executivas como uma empresa de gestão privada sob autoridade da Assembleia Geral e do Conselho de Supervisão. Enquanto o anarco-individualismo denota a filosofia, o libertarianismo representa o movimento político que visa estabelecer a governança das pessoas livres. O libertarianismo se opõe a todos aqueles movimentos que tentam estabelecer uma regra autoritária ou ditatorial. O anarco-liberalismo é a filosofia política específica que promove uma política baseada na associação voluntária de pessoas livres para a realização cooperativa de objetivos individuais.

A 'demarquia' é uma forma de governança onde os representantes do povo são escolhidos pela loteria em contraste com os sistemas políticos. cujos governantes chegam ao poder através de herança, força ou voto, enquanto 'sorteio' ('*sortition*') designa o processo pelo qual o corpo representativo do povo é escolhido em uma loteria em contraste com os sistemas de voto, cooptação e cooptação.

Os selecionados por sorte formam os membros da Assembleia Geral, que é o órgão representativo do eleitorado que forma o corpo legislativo do regime republicano semelhante aos parlamentos ou congressos nas democracias modernas.

Estrutura institucional

O anarco-individualismo é a filosofia orientadora do modelo de uma república livre. A filosofia anarco-individualista coloca o indivíduo soberano no centro do sistema de valores em contraste com todas as formas de coletivismo e organizações autoritárias hierárquicas. O órgão de supervisão é uma parte da Assembleia Geral com atribuições especiais de supervisão sobre a agência de gestão do governo privado assemelhando-se à antiga Câmara Alta na Grã-Bretanha ou no Senado, no sentido original. Na política de uma república livre, o governo é uma agência governamental privada que é contratada pela Assembleia Geral e supervisionada pelo Órgão de Supervisão para exercer funções executivas semelhantes aos governos no sentido tradicional, porém sem autoridade do Estado. A gestão judicial é feita por lei privada de agências que oferecem serviços de arbitragem semelhantes aos serviços de arbitragem atuais e agências de direito privado que oferecem serviços de arbitragem semelhantes aos serviços de arbitragem atuais. Da mesma forma, o policiamento é atribuído à polícia privada semelhante às formas atuais de órgãos não-estatais de aplicação da lei. A defesa está sob a autoridade da Assembleia Geral e da supervisão do órgão de fiscalização, a defesa da comunidade é gerida por empresas privadas.

No contexto da política de uma república livre, o anarco-capitalismo se refere a uma livre economia de mercado ("Laissez-faire"-capitalismo) - uma ordem econômica baseada na propriedade privada e mercados livres em contraste com o capitalismo de Estado, o socialismo, o comunismo e o intervencionismo.

Estrutura de governança

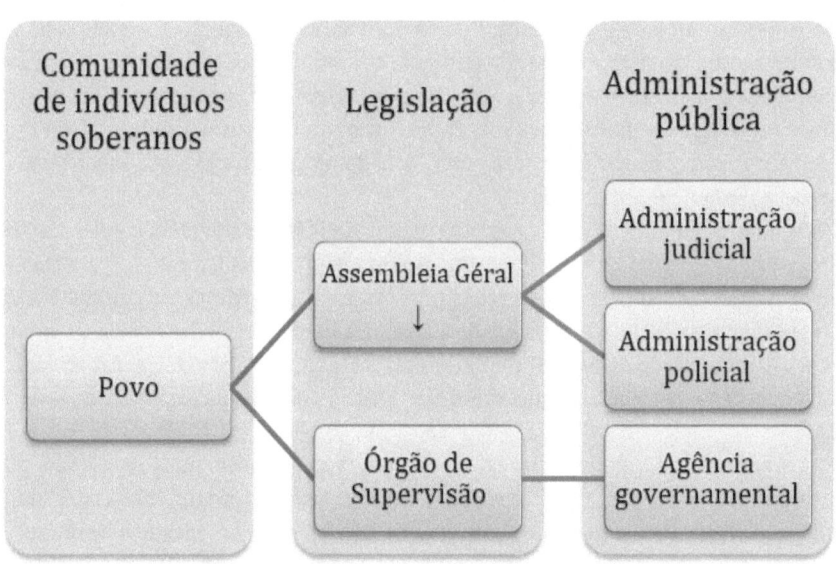

Perspectivas

Enquanto o século 20 vivenciou a profunda transformação da manufatura, a tecnologia está revolucionando agora o setor de serviços. Os profissionais - de médicos a advogados, de educadores a administradores públicos - enfrentarão desafios difíceis. A transformação já está a caminho. Muitos empregos aparentemente seguros serão eliminados. Robôs e inteligência artificial tornam as tarefas complexas mais baratas e com melhor desempenho. As novas tecnologias entram nos escritórios dos consultores, nas câmaras legais, nas salas de aula e nos hospitais. Com um clique, diagnósticos melhores do que os humanos poderiam entregar aparecem na tela em segundos - seja uma avaliação médica ou a análise de um problema legal. As máquinas estão substituindo até mesmo ocupações sofisticadas.

O que o futuro reserva para empregos, habilidades e salários? O que significa o novo rumo tecnológico para o futuro do capitalismo? Que tipo de sistema econômico é melhor para enfrentar o desafio? No século 19, alguém poderia dizer ao menino do campo para ir à cidade e aprender um ofício. No século 20, se poderia dizer ao rapaz ou moça que siga em frente e estude. Estes foram todos bons conselhos. No entanto, no novo milênio, não há lugar para subir, seja da agricultura para a indústria ou das fábricas aos serviços sofisticados.

A mudança da agricultura para a indústria e da indústria para os serviços acabou. Agora, ir para a universidade e obter um diploma não é mais garantia de um trabalho bem remunerado e seguro. As posições profissionais são vítimas da automatização e da inteligência artificial. Os degraus da escada estão ocupados. Para subir, outro deve descer. A mobilidade social para cima é uma façanha do passado. A capacidade do Estado de absorver aqueles que saem das universidades está no limite. Qual é a saída?

A promessa de 'pleno emprego' será em vão. Quanto mais o Estado tenta disponibilizar empregos e posições mais seguras, mais a produtividade declina e a renda cai. Quando os governos continuam a absorver os mesmos números de formados como no passado, preparam sua própria bancarrota. Hoje, os custos de pensões já derrubam as finanças estaduais. No Brasil, os gastos estaduais com a previdência dos servidores aumentaram mais de cem porcento em termos reais nos últimos anos, de 77,3 bilhões de reais em 2005 até 163 bilhões reais em 2017. Esta tendência continua e a bancarrota de muitos Estados brasileiros já está programada. Não muito diferente é a situação no nível federal. Os gastos com aposentadoria já atingem 800 bilhões reais, com mais da metade só para os servidores públicos federais. Calcula-se que, até 2024, os gastos com aposentadoria vão absorver mais de

80 porcento do orçamento federal. O novo milênio precisa de uma abordagem que tome um caminho diferente do passado, onde os governos procuravam solucionar problemas com mais gastos financiados pelo aumento da dívida pública.

A resposta ao desafio do futuro é abraçar totalmente a tecnologia. Quanto mais as novas tecnologias se tornarem um complemento ao trabalho humano, mais a produtividade aumentará. A urgência de ter uma posição fixa como pessoa ocupada recua. O uso do carro como motorista e o aluguel de uma casa ou apartamento para viajantes são exemplos do que está por vir. Muitos trabalhos que hoje em dia requerem uma empresa com alto número de empregados poderão ser realizados no futuro em casa. O computador particular e a conexão com o mundo pela rede permitem trabalhar individualmente ou em pequenos grupos.

Uma condição necessária para o aumento da produtividade é menos governo e o fim da política. Menos Estado e menos política libertariam o cidadão do pesado fardo que agora o confronta. A produtividade aumentaria à medida que o Estado desaparecesse. Assim, o indivíduo é libertado dos dois lados. Por um lado, o peso dos impostos e contribuições cai. Por outro lado, os ganhos de produtividade reduzem os custos de vida. A armadilha atual de 'tudo ou nada' - de ganhar um bom emprego ou empobrecer - desapareceria. Hoje, se alguém tiver um emprego profissional, a situação material é boa. No entanto, quando se perde essa posição, a queda é enorme.

Precisamos de um sistema que evite essa dicotomia. Uma ordem anarco-capitalista reduziria o peso dos impostos e das contribuições. O capitalismo livre abriria o caminho para amplos ganhos de produtividade. Então, a urgência de se ter uma posição salarial permanente diminuiria. Poder-se-á viver bem, mesmo sem ter um emprego seguro, porque a produtividade será tão alta que tarefas também temporárias oferecerão um salário alto o suficiente para manter uma boa vida. A tecnologia que tira os empregos é a mesma força que fornece as ferramentas que reduzem os custos de vida e tornam o tempo de lazer atraente.

Atualmente, há muitos casais profissionais que estão trabalhando, porque é preciso ter dois rendimentos para se sair bem. Muitos ficariam felizes em ter apenas um chefe de família, se pudessem manter seu padrão de vida. O capitalismo livre ofereceria tais chances porque os impostos e as contribuições chegariam a um décimo do nível atual, e os bens custariam menos da metade de seus preços atuais, com a renda várias vezes maior do que hoje.

Nosso atual sistema econômico, político e judicial está mal preparado para o desafio do futuro. Esse também foi o caso há mais de cem anos, no início do século XX. Então, muitas decisões erradas foram tomadas, até que um sistema que pudesse acomodar as mudanças tecnológicas e as transformações econômicas tomou forma e foi aceito. No entanto, agora, novas tribulações surgem e tornam obsoleto o sistema 'liberal' - 'socialdemocrata'.

Antony P. Mueller

A resistência popular contra as mudanças no início da revolução industrial veio dos artesãos e dos trabalhadores, que, com a introdução das novas máquinas, temiam perder sua existência econômica e ser condenados à pobreza e à miséria. No entanto, eles não tiveram chance. E bom para eles - pois, devido à revolução industrial, a classe dos trabalhadores experimentou um nível de prosperidade nos dois séculos vindouros que era inimaginável na época em que a revolução industrial decolou. Protecionismo, intervencionismo, imperialismo, comunismo e fascismo foram as muitas respostas erradas no passado. Agora, muitos acreditam que a versão socialdemocrata do capitalismo seria o sistema adequado para o novo milênio. No entanto, este não é o caso. Não é exagero prever que, se continuamos com o caminho socialdemocrata, o fim seria a bancarrota do Estado. Análises sérias devem concluir que o complexo previdenciário e social de saúde, educação, previdência e assistência social falhou.

O sistema legal está em frangalhos. Da mesma forma, a expectativa de que a gestão política da economia possa garantir emprego, crescimento econômico e estabilidade financeira é ilusória. Tentar manter, reformar e expandir o sistema atual levará ao oposto das promessas "liberais".

Sem uma mudança no sistema de seguridade social, apenas os custos de saúde absorverão mais de um quarto dos rendimentos brutos. Provisões de pensão exigiriam outro quarto da renda. Em poucas décadas, o contribuinte comum deve confrontar contribuições obrigatórias que excedam a metade da renda para pagar apenas pela previdência e pelo bem-estar social. Além dessas contribuições, o governo teria de exigir outro terço dos rendimentos como impostos para financiar a defesa e as outras partes do aparato estatal. Tal carga é impossível de suportar. Quase nada seria deixado para uso privado. Antes que essas projeções possam se tornar realidade, a economia se desintegraria. As pessoas se recusariam a trabalhar e as empresas parariam para investir, a nação estaria falida.

Assim, o desafio permanece: nas décadas seguintes, os jovens não podem mais esperar ter uma alta renda apenas porque obtêm um diploma universitário. Muitas carreiras seguras e empregos em profissões estabelecidas desaparecerão ou passarão por profundas transformações. O presente horror do desemprego, ou de não encontrar o emprego certo, vem de não ser capaz de suportar os altos custos da educação, saúde, habitação, segurança pública e aposentadoria sem uma alta renda permanente. Precisamos de uma nova ordem. Reparos das estruturas atuais não são suficientes.

Assim como não fazia sentido melhorar a carruagem do cavalo para competir com o automóvel, é um esforço inútil melhorar o sistema político atual e tornar o sistema de segurança social mais eficaz e a economia mais eficiente. Precisamos fazer uma reviravolta. Em vez de tornar o atual sistema mais social-democrático, precisamos de uma revolução libertária. Em vez de tornar o capitalismo mais socialista, precisamos de um capitalismo mais capitalista. Uma economia livre em uma sociedade livre requer três grandes mudanças institucionais. Primeiro, a seleção do órgão representativo da sociedade por meio de um processo de seleção aleatória; em segundo lugar, um sistema monetário privado para substituir os bancos centrais; em terceiro lugar, a prestação de lei e segurança por fornecedores privados.

A fim de estabelecer uma sociedade livre do Estado, a visão deve vir em primeiro lugar. A legitimidade de uma ordem social livre não pode vir da aplicação da força - como tem sido o caso em todos os outros sistemas políticos -, mas precisa basear-se na cooperação voluntária do povo para surgir como uma ordem espontânea. A tentativa de estabelecer um "socialismo melhorado", como é o objetivo do esquema 'globalista' de um governo mundial, seria ainda mais mortal do que o socialismo do século XX. No entanto, as formas mais brandas do socialismo e do fascismo, como são praticadas como intervencionismo, não representam uma alternativa valiosa. Da mesma forma, é inútil esperar que o governo possa administrar a economia e proporcionar estabilidade e crescimento econômico para que todos tenham um emprego seguro e bem remunerado.

O que precisamos é de uma nova ordem política e econômica, uma ordem que não dilua o capitalismo com o socialismo, mas um capitalismo livre de suas misturas socialistas. Quanto mais o estado se retirar da vida privada, menor se torna o ônus dos impostos. Os esquemas atuais de saúde, educação, pensões, serviços jurídicos, habitação e bem-estar social - para não falar de defesa - não são apenas ineficientes, mas também onerosos para além das necessidades. Nessas áreas, as novas tecnologias oferecem amplas alternativas que reduziriam os custos e, ao mesmo tempo, melhorariam os serviços.

Acabar com a política eliminaria as bizarras campanhas eleitorais. O presente sistema das eleições provoca a cultura política de mais gastos governamentais. Se continuarmos com o sistema atual, o Estado crescerá cada vez mais. Com o tamanho crescente do Estado, os governos se tornarão mais poderosos. Sem um fim, a atual 'democracia liberal' será transmutada em um novo totalitarismo.

O grande debate não é apenas sobre empregos, mas ainda mais sobre como podemos manter a liberdade humana diante das novas tecnologias. No novo milênio, o fim do Estado é uma condição necessária para a liberdade. Se falharmos, o destino da humanidade é uma era de escravidão. Se tivermos sucesso, podemos acolher uma nova era de liberdade e prosperidade. O pleno emprego é um sonho do passado. Da mesma forma, é uma esperança vazia de que o governo possa fazer algo sobre isso. O emprego garantido apenas repetiria os erros do socialismo. O intervencionismo e a gestão macroeconômica, que devem proporcionar emprego, crescimento e estabilidade financeira, não funcionam mais. Pior ainda: quanto mais atribuições, responsabilidades e direitos atribuirmos ao governo, mais totalitário o Estado se tornará. Com a tecnologia moderna em mãos, o Estado do novo milênio ganharia todos as ferramentas necessárias para estabelecer um regime de repressão abrangente, sem deixar vestígios de liberdade e dignidade humanas.

A esperança para a nova época não é menos capitalismo, mas mais capitalismo. Os instrumentos de intervenção estatal não podem resolver os problemas. Quanto mais complexa a sociedade e a economia se tornaram, mais se precisa dos mercados como instrumento de coordenação e iniciativa privada. O capitalismo livre fornece os fundamentos para a prosperidade e a liberdade: coordenação eficiente dos planos individuais baseada em trocas voluntárias e alta produtividade. As próximas décadas experimentarão uma transformação profunda em áreas como direito, medicina, educação e administração pública - os campos de atividade onde muitos profissionais com formação universitária encontraram posições estáveis e bem remuneradas.

Nas próximas décadas, mais empregos que parecem tão seguros desaparecerão ou sofrerão drásticas transformações. É inútil esperar que um diploma universitário seja suficiente para garantir uma posição bem paga e estável. Uma grande onda de substituição de mão de obra por máquinas, ocorrida no século 19 na agricultura e no século 20 na indústria, terá lugar agora no setor de serviços, incluindo os serviços de alto nível. O atual sistema de capitalismo administrado é incapaz para lidar com os desafios da nova era. Não mais governo é a solução, mas maior produtividade, e, para atingir maior produtividade, precisamos de menos Estado e menos política.

Para enfrentar o desafio do emprego precário, uma redução drástica nos custos de vida ajudará. Este objetivo requer produtividade, e somente o capitalismo livre pode gerar a eficiência econômica. Devemos abraçar o progresso tecnológico em todas as suas formas, porque é assim que a produtividade aumentará. Produtividade não é o problema, é a solução. O problema é o custo do Estado e os efeitos prejudiciais da atividade governamental. Junto com as preocupações de como conseguir empregos, um perigo ainda mais sombrio está à espreita. Se não abolirmos o Estado e a política a tempo, as novas tecnologias se tornarão instrumentos horrendos de controle totalitário nas mãos dos governos. Quanto maior o Estado e mais poderoso o governo, maior a ameaça.

Precisamos diminuir o poder do Estado e reduzir a política para recuperar e manter nossa liberdade. Minimizar e acabar com o Estado é uma missão urgente, porque, do contrário, a tecnologia moderna colocaria instrumentos de controle formidáveis nas mãos do governo. Com os novos dispositivos técnicos de supervisão e dominação, um Estado totalitário moderno poderia suplantar o terror e a supressão de qualquer ponto na história. O Estado não é apenas supérfluo e um perigo para a liberdade humana, mas tornou-se uma ameaça à existência humana.

A sociedade é um sistema de coordenação. A coordenação pode ser vertical ou horizontal: ou como uma hierarquia de comandos e sanções violentas, ou troca e cooperação voluntária. De todos os procedimentos conhecidos de coordenação, os mercados funcionam melhor. Não há outro sistema de produção além do capitalismo livre que possa corresponder à alta produtividade do capitalismo puro. O atual sistema político não é uma democracia, mas é uma política partidária; a economia não é uma economia de mercado livre, mas sofre de intervenção e gestão do estado. Para ser livre e próspero, isso deve mudar.

Precisamos de uma redução radical do Estado e da sua burocracia. A participação do setor público de cerca de 50% da produção total é muito alta. A dívida pública está crescendo e levando a nação à bancarrota. O povo deve suportar imensos encargos em impostos e contribuições. Para resolver o dilema, os custos de vida devem cair. Este objetivo requer produtividade, e somente o capitalismo livre pode gerar a eficiência econômica.

O importante não é ter mais empregos, mas ter um sistema em que não precisamos nos preocupar com trabalhos, porque a urgência de ter um emprego não é tão grande quanto é agora. Com a enorme carga de custos agora em vigor, ter uma posição bem paga e estável é uma necessidade para ganhar uma boa vida. Sob um capitalismo livre, isso mudaria. A produtividade seria tão alta que os custos de vida seriam baixos. Haverá empregos de alto nível disponíveis que pagam bem, mas aqueles com uma situação de emprego precário não precisam se preocupar, porque eles também podem ter uma boa vida - incluindo entretenimento, que devido às novas tecnologias vem quase de graça.

Reduções drásticas de custos ocorreriam na medicina, educação e administração pública. Outros itens de grande custo, como transportes, também cairiam de preço. Acima de tudo, com o Estado e a política eliminados, ou, pelo menos, reduzidos ao mínimo, a ameaça de um terrorismo estatal repressivo se dissipará. A organização da política como um sistema de partidos políticos concorrentes é um obstáculo no caminho para o novo sistema. A democracia moderna é política partidária. Os candidatos vencem por falsas promessas. O Estado se expande sem oferecer melhores serviços.

Resumo

'Sortition', a seleção do representante do povo por sorteio, acabaria com o sistema perdulário e prejudicial da política partidária. Escolher o corpo legislativo não pelo voto, mas por acaso, conduziria a uma nova era, e marcaria o afastamento do domínio oligárquico e uma autêntica democracia. Junto com a privatização do dinheiro e do sistema legal, acabar com a política partidária abriria o caminho para uma economia próspera com alta produtividade. Não haveria dívida pública. O fardo das contribuições e impostos afundaria. Com o custo de vida baixo, o risco de desemprego perde sua ameaça.

Sob uma ordem anarco-capitalista, o desemprego temporário ou mesmo prolongado não seria um castigo como é agora. Capitalismo é substituir o trabalho humano pelo capital, e nos libertar do fardo do trabalho tedioso e das preocupações sobre a nossa próxima refeição e onde colocar a cabeça à noite. Para ganhar a opinião pública, o libertarianismo deve apresentar-se como um movimento voltado para frente, cujas origens são as rebeliões contra o autoritarismo, a ditadura e o totalitarismo. Libertários devem denunciar o socialismo como antiquado, estagnado e retrógrado. Libertários devem ridicularizar o socialismo como a superstição da era moderna.

O libertarianismo não é nem um movimento conservador nem é libertino. O inimigo do libertarianismo é o poder. O objetivo do libertarianismo é a liberdade e seus meios são pacíficos. O libertarianismo como governança inclui uma ordem econômica anarco-capitalista.

Este modelo tem o melhor da tradição intelectual e, como tal, tem sido a ponta de lança do melhor que a era moderna tem a oferecer. O libertarianismo representa os elementos da modernidade que são sólidos e éticos. Libertários devem convencer a opinião pública de que o anarco-capitalismo é um sistema de governança dos mais altos padrões de posição intelectual e ética. O anarco-capitalismo é o caminho para a liberdade e a prosperidade. Os promotores do anarco-capitalismo devem nutrir a perspectiva de que uma ordem anarco-capitalista será um mundo de abundância.

Os libertários devem convencer o público de que, sob uma ordem anarco-capitalista, os salários líquidos subiriam, primeiro, porque haveria muito menos impostos e contribuições a pagar e, segundo, por causa do aumento da produtividade. Além disso, o poder de compra aumentaria devido à queda dos preços. Sob uma economia anarco-capitalista, uma multiplicação de riqueza generalizada acontecerá - e isso seria apenas o começo.

Os anarco-capitalistas devem propagar a percepção de que produzir os chamados bens públicos não é apenas ineficiente, mas também inútil. Além de serem bens e serviços caros, grande parte da educação e da medicina estatal não é apenas supérflua, mas também prejudicial. As forças armadas não são necessárias porque as pessoas são más, mas porque existem estados administrados por psicopatas. Sem tirar o poder das mãos dos políticos profissionais, o libertarianismo não tem chance de se tornar uma realidade. Portanto, demarquia é um passo necessário para uma ordem anarco-capitalista. Para que isso aconteça, uma mudança da ideologia predominante deve ocorrer. Libertários devem transformar a opinião pública em favor de 'sortition', a seleção dos representantes do povo pelo lote. Para este propósito, os libertários devem se referir ao vasto número de exemplos atuais e históricos de tolice, idiotice e brutalidade de uma liderança que é selecionada pela força e pelo voto.

A crueldade e vingança desses governantes está em forte contraste com o que a liderança sob demarquia seria. A maioria das pessoas verá que, quando as pessoas normais estão na Assemblai Geral de um demarquia, os horrores que vêm com a liderança política que chegou ao poder pela força e pelo voto serão coisa do passado. Junto com a pesquisa e a documentação do comportamento passado e presente dos políticos profissionais, os libertários devem apoiar e estender todas as formas de ridículo lançadas sobre os processos políticos eleitorais.

Quanto à teoria, os defensores do modelo econômico anarco-capitalista não devem enfatizar sua lealdade às suas raízes históricas, mas enfatizar que seus praticantes marcham na linha de frente do progresso teórico. Os empreendedores devem abandonar sua aliança com o Estado como eles o praticaram na era do capitalismo corporativo. O Estado é um parceiro malvado. No futuro, além de ser malicioso, o Estado se tornará impotente por falta de recursos. A confiança no Estado é uma esperança falida. Sob o capitalismo de Estado, empresas individuais ganham vantagens especiais com a ajuda do Estado ao custo da comunidade empresarial. Isso não é apenas antiético, mas também antieconômico. Os empresários devem formar uma nova aliança. Seu parceiro de direito não é o estado, mas o movimento libertário. Em vez de jogar dinheiro na boca de políticos corruptos, a comunidade empresarial faria bem para o seu próprio futuro e a prosperidade de todos se financiassem o movimento libertário. Uma política baseada na associação voluntária de pessoas livres para a realização cooperativa de objetivos individuais é o objetivo do libertarianismo. Como movimento político, quer estabelecer a governança de pessoas livres. O libertarianismo é diferente de todos os movimentos que tentam estabelecer uma regra autoritária ou ditatorial.

VII.

APÊNDICE

VII. Apêndice
- Conceitos básicos
- Falhas governamentais
- Incriminações fundamentais contra o Estado
- Princípios da governança econômica
- Princípios do anarco-capitalismo
- Princípios do anarquismo individualista

CONCEITOS BÁSICOS

Conceito	Descrição
Demarquia (demarchy)	Uma forma de governança em que os representantes do povo são escolhidos pela loteria, em contraste com os sistemas políticos cujos governantes chegam ao poder através da força ou do voto.
Sorteio politico (sortition)	Processo de escolher os representantes de uma comunidade por loteria segundo a seleção aleatória.
Anarco-capitalismo	Economia de mercado livre (capitalismo "Laissez-faire") - uma ordem econômica baseada na propriedade privada e de mercados livres em contraste ao capitalismo de Estado, socialismo, comunismo e intervencionismo
Anarco-individualismo	A filosofia que coloca o indivíduo autônomo no centro do sistema de valores, em contraste a todas as formas de coletivismo e organizações autoritárias hierárquicas.
Libertarianismo	O movimento político baseado na associação voluntária de pessoas livres para a realização cooperativa de objetivos individuais. Como movimento político, o libertarianismo quer estabelecer a governança de pessoas livres. O libertarianismo é diferente de todos os movimentos que tentam estabelecer uma regra autoritária ou ditatorial.

Anarco-República	Sistema de governança onde a soberania está nas mãos dos indivíduos e os órgãos públicos funcionam como agências privadas, que são contratados e podem ser demitidas.
Assembleia Geral	Representa um órgão do eleitorado que forma o corpo legislativo da Anarco-República, semelhante aos parlamentos ou congressos nas democracias modernas. A escolha pela loteria garante sua representatividade.
Órgão supervisor	Uma parte da Assembleia Geral com atribuições especiais de supervisão sobre a agência de administração do governo privado, semelhante à antiga Câmara Alta na Grã-Bretanha ou Senados no significado original.
Agência governamental	Uma agência governamental privada que é contratada pela Assembleia Geral e sob o controle do Órgão de Supervisão para exercer funções executivas, semelhante aos governos no sentido tradicional, porém sem autoridade do Estado.
Agências judiciais	Agências de direito privado que oferecem serviços de arbitragem semelhantes aos atuais.
Agências da segurança interna	Polícia privada semelhante às atuais formas de órgãos de aplicação da lei não estatais, como vigilâncias.
Agências da segurança externa	Sob a autoridade da Assembleia Geral e sob a supervisão do Órgão Supervisor, a defesa da comunidade é gerenciada por empresas privadas
Comunidade	União voluntária de indivíduos

PRINCIPAIS FALHAS GOVERNAMENTAIS

I.
Conhecimento (*public-private knowledge*)

As políticas do governo sofrem com a pretensão de conhecimento (Friedrich Hayek). Para realizar uma intervenção de mercado bem-sucedida, os políticos precisam saber muito mais do que podem. O conhecimento de mercado não é centralizado, sistemático, organizado e geral, mas disperso, heterogêneo, específico e individual. Diferente de uma economia de mercado onde há muitos operadores e um processo constante de tentativa e erro, a correção dos erros do governo é muito limitada, devido ao seu status de monopólio e porque admitir erros pode ser pior para a reputação do político do que ficar com uma decisão errada - mesmo contra o próprio insight.

II.
Assimetrias de informação (*information asymmetries*)

Embora existam também assimetrias de informação no mercado, por exemplo entre a seguradora e o segurado, ou entre o vendedor de um carro usado e seu comprador, a assimetria de informação é mais profunda no setor público do que no privado. Enquanto existem, por exemplo, várias seguradoras e muitos revendedores de automóveis, existe apenas um governo. Os representantes do Estado não têm a pele no jogo e, como não são partes interessadas, não farão muito esforço para investigar e evitar assimetrias de informação. Pelo contrário, os políticos normalmente estão ansiosos para fornecer fundos não para aqueles que mais precisam deles, mas para aqueles que são politicamente mais relevantes.

III.
Exclusão do setor privado (*crowding-out*)

A intervenção do governo não elimina as deficiências aparentes do mercado, mas afugenta a oferta privada. Se não houvesse um domínio público nas áreas de escolaridade e assistência social, a oferta privada e a caridade privada preenchiam a lacuna, como era o caso antes de o governo usurpar essas atividades. A exclusão do setor privado por meio de políticas governamentais está constantemente em ação, porque os políticos podem obter votos oferecendo serviços públicos adicionais, embora a administração pública não melhore, mas, ao contrário, deteriore a situação.

IV.
Defasagem temporal (*time lags*)

As políticas governamentais sofrem de longos atrasos entre diagnósticos e efeitos. O governo só percebe os problemas para os quais existe uma pressão política. Demora até que um problema se torne suficientemente politizado para encontrar a atenção do governo. Após o diagnóstico, outras defasagens acontecem até que as autoridades tenham encontrado um consenso sobre como lidar com o problema político, e ainda leva mais tempo até que os meios políticos apropriados encontrem apoio político suficiente. Só então as medidas serão implementadas, e mais um tempo se passará até que o processo mostre alguns efeitos. Os resultados das intervenções do Estado normalmente não apenas se desviam da intenção original, mas, na verdade, podem produzir o resultado oposto. O lapso de tempo entre a articulação de um problema e o efeito é tão longo que a natureza do problema e seu contexto mudaram - muitas vezes fundamentalmente.

V.
Procura de subsídios e criação de subsídios (*rent-seeking and rent-collection*)

A intervenção do governo convida a busca de subsídios (*rents*). A busca de subsídios é o esforço de obter privilégios por meio de políticas governamentais. As políticas governamentais são induzidas a criar oportunidades adicionais de privilégios, a fim de obter apoio e votos adicionais. Esta criação de subsídios leva à procura de mais privilégios, e leva também a um processo em que a distinção entre corrupção e a conduta decente e legal se confunde. Quanto mais o governo cede à criação de privilégios e à procura de subsídios, mais o país será vítima do clientelismo, da corrupção e da má alocação de recursos.

VI.
Combinação e troca de votos (*Logrolling and vote trading*)

O conceito de '*logrolling*' da escolha pública (*Public Choice*) denota a troca de favores entre as facções políticas, a fim de passar um projeto favorito através do apoio aos projetos de outro grupo. Essa conduta leva à expansão constante da atividade do estado. Por meio do 'quid pro quo', os políticos apoiam leis de outras facções em troca de obter apoio político para a própria legislação. Esse comportamento leva ao fenômeno bem conhecido de 'inflação legislativa', a avalanche de produção de leis inúteis, contraditórias e prejudiciais.

VII.
Bem comum (*common good*)

O chamado 'bem comum' não é um conceito bem definido. Conceitos semelhantes, como o do 'bem público', que é definido por não-exclusão e não-rivalidade, não captam o conceito porque não é o bem que é 'comum' ou 'público', mas sua provisão pelo Estado é considerada mais oportuna. Acredita-se que a oferta de um 'bem comum' por esforços coletivos do que individuais, pelo Estado em vez do mercado, é melhor. No entanto, este é o caso de todos os bens, e o próprio mercado é um sistema de fornecimento de bens privados através de esforços cooperativos. Qualquer dos chamados bens públicos que o governo fornece, o setor privado também pode oferecer, e mais barato e melhor. Uma economia de mercado livre não só poderia fornecer educação, saúde ou provisão de velhice, bem como segurança interna e externa, mas também melhor e mais barata. O consumo é privado, a produção coletiva, seja pelo Estado ou pelo mercado. Assim o conceito do 'bem comum' ou do 'bem público' não faz sentido.

VIII.
Captura regulatória (*regulatory capture*)

O termo 'captura regulatória' denota uma falha do governo em que a agência reguladora não busca a intenção original de promover o 'interesse público', mas é vítima do interesse especial desses grupos que a agência foi criada para regulamentar. A captura do órgão regulador por interesses privados significa que a agência se transforma em um instrumento para promover o interesse específico dos grupos que foram alvo de regulamentação. O grupo de interesse especial pode pedir regulamentação para obter o aparato estatal como instrumento para promover seus interesses.

IX.
Viés míope (*Short-sightedness bias*)

O horizonte temporal político é a próxima eleição. No esforço de que os benefícios da ação política cheguem rapidamente às suas clientelas específicas, o político favorecerá projetos de curto prazo em lugar de longo prazo, mesmo que o primeiro traga apenas benefícios temporários e custe mais a longo prazo do que um projeto alternativo onde os custos vêm mais cedo, mas maiores benefícios depois.

X.
Ignorância racional (*Rational ignorance*)

É racional para o eleitor individual em uma democracia de massa permanecer ignorante sobre as questões políticas, porque o valor do voto do indivíduo é tão pequeno que não faz muita diferença para o resultado. O eleitor racional votará nos candidatos que prometem o máximo como benefícios. Dada a pequena relevância de um voto individual em uma democracia de massa, o eleitor racional não gastará muito tempo e esforço para investigar se essas promessas são realistas ou em colisão com seus outros desejos. Assim, as campanhas políticas não têm informação e esclarecimento como objetivo, mas desinformação e confusão. No final, o que conta para ser votado não é a solidez do programa, mas o entusiasmo que um candidato pode criar entre seus apoiadores, e quanto ele pode degradar, denunciar e humilhar seu oponente. O processo eleitoral político espalha o ódio, a divisão e o desejo de vingança.

INCRIMINAÇÕES FUNDAMENTAIS CONTRA O ESTADO

A grande ilusão da era moderna é a crença de que uma sociedade e a economia exigiriam um Estado. Porém, o Estado não é um mal necessário, mas é um mal supérfluo. Que o indivíduo não pode sobreviver sem uma sociedade e uma economia não significa que ele não poderia sobreviver sem um Estado. O anarco-capitalismo e o anarco-individualismo não são contra a sociedade. O indivíduo não é antissocial quando é anti-Estado. Não o anarquista é antissocial, mas o Estado é contra a sociedade.

I.
Enquanto finge proteger a vida, a liberdade e a propriedade, o Estado tem sido o supremo inimigo da vida, da liberdade e da propriedade. Ao longo da história, os crimes cometidos pelo Estado foram imensamente maiores do que aqueles cometidos por indivíduos.

II.
O Estado não é produtivo. A origem do Estado é o parasitismo. A divisão social não é entre o trabalhador e o capitalista, mas entre o Estado parasitário e aqueles que produzem os bens, entre os usuários dos impostos e os pagadores dos impostos.

III.
O Estado é o inimigo da prosperidade do povo. O Estado confisca riqueza e pune a produtividade. O Estado direciona mal a poupança e o investimento.

IV.
Pilhagem é a natureza do Estado. O Estado permite que a economia prospere apenas na medida em que fornece o material para o Estado saquear a riqueza.

V.
Agressão é elementar para o Estado. Sua agressão vai igualmente contra seus próprios súditos quanto os inimigos estrangeiros reais ou imaginários. A guerra é a saúde do Estado.

VI.
O Estado cria seus próprios inimigos e, assim, justifica sua própria existência. Através de guerras perpétuas e conflitos permanentes, o Estado obtém o consentimento de seus subordinados.

VII.
O Estado ilude sobre a legitimidade do exercício da força e da coerção. O Estado não tem autoridade além da falsa autoridade que vem através da violência.

VIII.
O individualismo é o inimigo natural do Estado. Portanto, o Estado fará tudo o que puder para aniquilar o indivíduo e promover o conformismo.

IX.
Todos os Estados falham. A maior vitória do Estado traz consigo a semente da decadência do Estado.

X.
Acabar com o Estado abrirá o portão para a paz e a prosperidade. O fim do Estado marca o começo do triunfo do indivíduo.

PRINCÍPIOS DA GOVERNANÇA ECONÔMICA

I.

A produção precede o consumo. Antes que algo possa ser consumido, deve ser produzido. Bens de consumo estão no final de uma longa cadeia de processos de produção entrelaçados. Para ter mais bens para consumo, é preciso ver primeiro que mais bens serão produzidos.

II.

O consumo é o objetivo final da produção. O consumo é o objetivo de toda atividade econômica, e a produção é seu meio. O consumo atual resulta do processo de produção que se estende ao passado, mas o valor dessa estrutura de produção depende das condições atuais da avaliação pelos consumidores e do futuro esperado. Portanto, os consumidores são de fato os proprietários do aparato de produção em uma economia capitalista.

III.

A produção tem custos. Por trás de cada cheque da previdência social e por trás de cada bolsa de pesquisa, está o dinheiro dos impostos de pessoas reais que produzem mais que recebem. Enquanto os contribuintes veem que o governo confisca parte da renda pessoal, eles não sabem a quem esse dinheiro vai; e enquanto os destinatários das despesas do governo veem o governo entregando o dinheiro a eles, eles não sabem de quem o governo tirou esse dinheiro. Quando alguém aparentemente recebe algo 'de graça' do estado para consumir, alguém fica com menos do que produziu.

IV.

O valor é subjetivo. A avaliação é subjetiva e varia de acordo com a situação e as circunstâncias concretas de um indivíduo. O mesmo bem ou serviço tem valores diferentes para pessoas diferentes em momentos diferentes. A utilidade é subjetiva, individual e situacional. O valor de um bem depende da unidade marginal, não da média ou do total. Não existe consumo coletivo. Até mesmo a temperatura na mesma sala é diferente para pessoas diferentes. O mesmo filme ou partida de futebol tem um valor subjetivo diferente para cada espectador.

V.

Produtividade determina a taxa salarial. Em uma economia livre, a produção marginal determina a taxa salarial do trabalhador. Em um mercado de trabalho sem intervenção, as empresas empregarão trabalhadores adicionais até que sua produtividade marginal ultrapasse e, finalmente, corresponda à taxa salarial. A competição entre as empresas elevará a taxa salarial ao ponto em que é igual à produtividade. O poder dos sindicatos pode alterar a distribuição de salários entre os diferentes grupos de trabalhadores, mas os sindicatos não podem alterar o nível salarial global, que depende da produtividade do trabalho.

VI.

Despesas são receitas e custos ao mesmo tempo. Despesas são receitas para o vendedor, mas representam custos para o comprador. Em termos macroeconômicos, os gastos equivalem à renda e a renda é igual aos custos. Quando um governo gasta, não apenas gera renda, mas também custos. Erros graves de políticas são o resultado quando as políticas do governo contam apenas o efeito da renda dos gastos públicos, mas ignoram o efeito do custo.

VII.

O dinheiro em si não é riqueza. O valor do dinheiro consiste em seu poder de compra. O dinheiro serve como instrumento de troca. A riqueza de uma pessoa existe em seu acesso aos bens e serviços que deseja. Uma economia não pode aumentar sua riqueza simplesmente aumentando seu estoque de dinheiro.

VIII.

O trabalho em si não cria valor. O trabalho, combinado com os outros fatores de produção, cria produtos, mas o valor do bem depende de sua utilidade. Utilidade depende da avaliação individual subjetiva. Emprego em si não faz sentido econômico. O que conta para o trabalho é a criação de valor. Para ser útil, um produto deve oferecer benefícios para o consumidor. O valor de um bem existe independente do esforço de produzi-lo.

IX.

Lucro é a recompensa empreendedora. No capitalismo competitivo, o lucro econômico é o bônus extra que as empresas ganham ao corrigirem erros alocativos e melhor preverem as necessidades futuras de seus clientes. Em uma economia estática sem mudança, não haveria lucro nem prejuízo. O crescimento econômico, no entanto, significa mudança, e antecipar as mudanças é a fonte dos lucros econômicos.

X.

Leis econômicas existem. Leis econômicas são leis lógicas. Como tal, são invulneráveis. As leis legais que contradizem as leis econômicas fundamentais não abolem as leis econômicas, mas pervertem sua função. Essas leis econômicas lógicas funcionam como fatos. O governo pode ignorar e tentar violar as leis econômicas, mas as leis econômicas não irão ignorar os ignorantes. As sociedades são melhores onde as pessoas e o governo reconhecem e respeitam essas leis econômicas fundamentais e as usam em seu benefício.

Antony P. Mueller

PRINCÍPIOS DO ANARCO-CAPITALISMO

I.
Cada homem é único em sua personalidade (singularidade humana faz o indivíduo)

II.
A essência humana é a ação empreendedora (ação humana)

III.
Sociedade é a livre associação de homens (princípio da divisão do trabalho)

IV.
O limite do egoísmo de uma pessoa é o egoísmo da outra pessoa (princípio do contrabalanço)

V.
A lei da cooperação é a reciprocidade (Do Ut Des)

VI.
Governo existe por meio de consentimento, não pelo direito (Governo é uma agência, não um soberano)

VII.
Legitimidade é a compatibilidade de vontades (Liberdade)

VIII.
O propósito da propriedade privada é a livre iniciativa (Concorrência produtiva)

IX.
Não há direitos nem deveres além da autopreservação individual (Âmbito de existência)

X.
A soberania individual é suprema (Âncora)

Princípios do anarquismo individualista

I.
Tudo o que sou é a minha propriedade

II.
A sociedade pode limitar minha liberdade, mas não deve restringir minha singularidade.

III.
É melhor confiar no egoísmo dos outros do que em sua compaixão.

IV.
A sociedade é o destino - a comunidade é uma escolha.

V.
Usar a si mesmo não significa ser útil.

VI.
Cada um é um artista segundo a forma de se divertir

VII.
Eu não tenho nenhum dever com ninguém e ninguém tem dever comigo.

VIII.
Tomar as pessoas como elas são é o primeiro passo para a paz interna e externa.

IX.
Dominar os próprios pensamentos é a maior conquista

X.
Nem todo conceito representa uma existência

XI.
Eu sou minha própria verdade.

XII.
Eu sou a medida de todas as coisas

XIII.

Antony P. Mueller

O princípio da vida - qualquer vida - é a exaustão

XIV.
Minha singularidade é a minha perfeição

XV.
A homem de virtude é autocontrolado, superior, alegre, irônico, de mente aberta, benevolente e não agressivo

ANARCO-CAPITALISMO. UMA BIBLIOGRAFIA ANOTADA

Anarcho-Capitalism: An Annotated Bibliography
by Hans-Hermann Hoppe

Aqui está a leitura essencial sobre o anarco-capitalismo, que também pode ser chamada de ordem natural, anarquia da propriedade privada, anarquia ordenada, capitalismo radical, sociedade de direito privado ou sociedade sem estado. Isso não pretende ser uma lista abrangente. Na verdade, apenas trabalhos em inglês atualmente impressos ou futuros estão incluídos. Por favor, note que as sugestões são bem-vindas, especialmente para a Section IV: Congenial Writings. (IV. Escritos congeniais)

I. Murray N. Rothbard e o Austro-Libertarianismo

No topo de qualquer lista de leitura sobre anarcocapitalismo deve ser o nome Murray N. Rothbard. Não haveria nenhum movimento anarco-capitalista para falar sem Rothbard. Seu trabalho inspirou e definiu o pensamento até mesmo de libertários como R. Nozick, por exemplo, que se afastaram significativamente de Rothbard, seja metodologicamente ou substantivamente. Todo o trabalho de Rothbard é não só ente relevante para o assunto do anarco-capitalismo, mas são de importância central:

The Ethics of Liberty, a mais abrangente apresentação e defesa de um código de leis libertárias ainda escritas. Fundamentado na tradição da lei natural e em seu estilo de raciocínio axiomático-dedutivo, Rothbard explica os conceitos de direitos humanos, autopropriedade, apropriação original, contrato, agressão e punição. Ele demonstra a injustificabilidade moral do Estado e oferece esmagadoras refutações de libertários proeminentes de estatutos limitados, como L. V. Mises, F. A. Hayek, I. Berlin e R. Nozick.

Em For A New Liberty Rothbard aplica princípios libertários abstratos para resolver os problemas atuais do Estado de bem-estar social. Como uma sociedade sem o Estado poderia fornecer bens como educação, dinheiro, ruas, polícia, tribunais, defesa nacional, seguridade social, proteção ambiental etc.? Aqui estão as respostas.

Power and Market é a mais abrangente análise teórica das ineficiências e efeitos contraproducentes de toda forma concebível de interferência governamental no mercado, desde controles de preços, cartéis compulsórios, leis antimonopólio, licenças, tarifas, leis sobre trabalho infantil, patentes, até qualquer forma de tributação. (incluindo o "imposto único" proposto por Henry George em terra firme).

Egalitarianism As a Revolt Against Nature é uma maravilhosa coleção de ensaios de Rothbard sobre aspectos filosóficos, econômicos e históricos do libertarianismo, que vão desde a guerra e a revolução até a libertação de crianças e mulheres. Rothbard mostra sua dívida intelectual tanto a Ludwig von Mises e à economia austríaca (praxeologia) quanto a Lysander Spooner e Benjamin Tucker e à filosofia política individualista-anarquista. Esta coleção é a melhor introdução para Rothbard e seu programa de pesquisa libertário.

Os quantro volumes Conceived in Liberty é uma história narrativa abrangente da América colonial e o papel das ideias e movimentos libertários. A magistral perspectiva de dois volumes de Rothbard sobre a história do pensamento econômico, de Rothbard, traça o desenvolvimento do pensamento econômico e filosófico libertário ao longo da história intelectual. The Irrepressible Rothbard contém interessantes comentários libertários sobre questões políticas, sociais e culturais, escritos durante a última década da vida de Rothbard.

Justin Raimondo escreveu uma biografia perspicaz: Murray N. Rothbard: An Enemy of the State

A tradição austro-libertária inaugurada por Rothbard é continuada por Hans-Hermann Hoppe. In Democracy — The God That Failed. Hoppe compara a monarquia favoravelmente à democracia, mas critica tanto como eticamente quanto economicamente ineficiente, e defende uma ordem natural com fornecedores competitivos de segurança e seguros. Ele revisa interpretações históricas ortodoxas fundamentais e reconsidera questões centrais da estratégia libertária. The Economics and Ethics of Private Property inclui a defesa axiomática de Hoppe do princípio da autopropriedade e da apropriação original: qualquer um que argumente contra esses princípios está envolvido em uma contradição performativa ou prática.

The Myth of National Defense é uma coletânea de ensaios de uma assembléia internacional de cientistas sociais sobre a relação entre Estado e guerra e a possibilidade de defesa da propriedade não-estatista: por milícias, mercenários, guerrilheiros, agências de seguro-proteção, etc.

II. Abordagens alternativas ao Anarco-Capitalismo

Os autores a seguir chegam a conclusões semelhantes, mas os alcançam de maneiras diferentes e estilos variados. Enquanto Rothbard e Hoppe são tipos de direitos naturais e praxeologistas, também existem defensores utilitaristas, deônticos, empiristas, historicistas, positivistas e ecléticos do anarco-capitalismo.

Randy E. Barnett's The Structure of Liberty é uma excelente discussão dos requisitos de uma sociedade liberal-libertária do ponto de vista de um advogado e teórico legal. Fortemente influenciado por F.A. Hayek, Barnett usa o termo "ordem constitucional policêntrica" para o anarcocapitalismo.

Bruce L. Benson's The Enterprise of Law é o estudo empírico-histórico mais abrangente do anarcocapitalismo. Benson fornece abundante evidência empírica para o funcionamento eficiente da lei e ordem produzidas pelo mercado. A sequela de Benson To Serve and Protect também é recomendado.

David D. Friedman's The Machinery of Freedom apresenta o caso utilitarista do anarcocapitalismo: breve, fácil de ler e com muitas aplicações desde a educação até a proteção à propriedade.

Anthony de Jasay favorece uma abordagem deôntica à ética. Seus escritos — in The State, in Choice, Contract, Consent, e coleção excelente de ensaios Against Politics — é teórico, com um sabor neo-clássico de teoria dos jogos. Crítico brilhante de escolha pública e economia constitucional - e a noção de minarquismo.

Morris and Linda Tannehill's The Market for Liberty tem um sabor distintamente Randiano. No entanto, os autores empregam o argumento pró-estado de Ayn Rand em apoio à conclusão oposta e anarquista. Análise pendente e negligenciada da operação de produtores concorrentes de segurança (seguradoras, árbitros, etc.).

III. Precursores do Anarco-Capitalismo moderno

O movimento intelectual anarco-capitalista contemporâneo tem alguns precursores notáveis do século XIX e início do século XX. Mesmo quando às vezes deficiente - a questão da propriedade da terra firme na tradição de Herbert Spencer e a teoria do dinheiro e do interesse na tradição Spooner-Tucker - os títulos a seguir permanecem indispensáveis e amplamente insuperáveis. (Esta lista é cronológica e sistemática, em vez de alfabética.)

O artigo de 1849 pioneiro de Gustave de Molinari

The Production of Security é provavelmente a contribuição mais importante para a moderna teoria do anarco-capitalismo. Molinari argumenta que o monopólio é ruim para os consumidores e que isso também acontece no caso de um monopólio da proteção. Exige concorrência na área de produção de segurança como em todas as outras linhas de produção.Herbert Spencer's Social Statics é uma excelente discussão filosófica dos direitos naturais na tradição de John Locke. Spencer defende o direito de ignorar o estado. Também altamente recomendado é o seu

Principles of Ethics.

Auberon Herbert é um estudante de Spencer. Em The Right and Wrong of Compulsion by the State, Herbert desenvolve a ideia Spenceriana de liberdade igual ao seu fim anarco-capitalista logicamente consistente. Herbert é o pai do voluntariado.

Lysander Spooner é um advogado e teórico legal americano do século XIX. Ninguém que tenha lido "No Treason", incluído no The Lysander Spooner Reader, jamais verá o governo com os mesmos olhos. Spooner faz recheio da ideia de um contrato social.

Uma história concisa do pensamento individualista-anarquista e do movimento relacionado na América do século XIX, com atenção especial a Spooner e Benjamin Tucker, é de James J. Martin's Men Against the State.

Franz Oppenheimer é sociólogo alemão e um anarquista da esquerda. Em The State ele distingue entre os meios econômico (pacífico e produtivo) e político (coercitivo e parasitário) de aquisição de riqueza, e explica o Estado como instrumento de dominação e exploração.

Albert J. Nock é influenciado por Franz Oppenheimer. Em Our Enemy, the State Ele explica a natureza antissocial e predatória do Estado e faz uma distinção nítida entre o governo como autoridade voluntariamente reconhecida e o Estado. Nock, por sua vez, influenciou Frank Chodorov, que influenciaria o jovem Murray Rothbard.

Em seus Fugitive Essays, uma coleção de comentários políticos e econômicos pró-mercado, anti-estatais, Chodorov ataca a taxação como roubo.

IV. Escritos Congeniais

Embora não se preocupem diretamente com o tema do anarco-capitalismo e sejam escritos por autores libertários ou até mesmo não-libertários menos radicais, os itens a seguir são inestimáveis para uma compreensão profunda da liberdade, da ordem natural e do estado.

John V. Denson's The Costs of War As palavras-chave podem ser editadas com o tema capital de anarco-capitalismo e serias por autores libertárias e até mesmo não-libertárias, em todos os itens são inestimáveis para uma compreensão profunda da liberdade, da ordem natural e do estado. Possivelmente, o mais poderoso livro anti-guerra de todos os tempos. Também deve ser recomendada a coleção da Denson Reassessing the Presidency sobre o crescimento do poder do estado.

David Gordon's Secession, State, and Liberty é uma coleção de ensaios de filósofos, economistas e historiadores contemporâneos em defesa do direito à secessão.

Friedrich A. Hayek, Law, Legislation, and Liberty, Vol. I é um estudo importante sobre a evolução "espontânea" do direito, e a distinção entre lei versus legislação e entre direito público e privado.

Bertrand de Jouvenel, On Power, é uma excelente conta do crescimento do poder do Estado, com muitos insights importantes sobre o papel da aristocracia como defensora da liberdade e da democracia de massa como promotora do poder do Estado. Relacionado, e igualmente recomendado, é o seu Sovereignty.

Etienne de la Botie, The Politics of Obedience, é o clássico inquérito do século XVI sobre a fonte do poder do governo. La Botie mostra que o poder do Estado depende exclusivamente da "opinião" pública. Por implicação, todo Estado pode desmoronar

- instantaneamente e sem qualquer violência - simplesmente em virtude de uma mudança na opinião pública.

Bruno Leoni, Freedom and the Law, é um tratamento anterior e, em alguns aspectos, superior aos tópicos semelhantes aos discutidos por Hayek. Leoni retrata a lei romana como algo descoberto por juízes independentes, em vez de promulgada ou legislada pela autoridade central - e, portanto, semelhante ao direito comum inglês.

Robert Nisbet, The Quest for Community anteriormente publicado sob o título mais descritivo Comunidade e Poder explica a função protetora de instituições sociais intermediárias, e a tendência do Estado de enfraquecer e destruir essas instituições a fim de obter controle total sobre o indivíduo isolado.

The Journal of Libertarian Studies. An Interdisciplinary Quarterly Review, fundada por Murray N. Rothbard e agora editada por Hans-Hermann Hoppe, é um recurso indispensável para qualquer estudante sério de anarcocapitalismo e erudição libertária

Os seguintes artigos da JLS estão mais diretamente relacionados ao anarcocapitalismo

Anderson, Terry, and P.J. Hill, The American Experiment in Anarcho-Capitalism, 3, 1.

Barnett, Randy E., Whither Anarchy? Has Robert Nozick Justified the State?, 1,1.

——, Toward a Theory of Legal Naturalism, 2, 2.

Benson, Bruce L., Enforcement of Private Property Rights in Primitive Societies, 9,1.

——, Customary Law with Private Means of Resolving Disputes and Dispensing Justice, 9,2.

——, **Reciprocal Exchange as the Basis for Recognition of Law**, 10, 1.

——, Restitution in Theory and Practice, 12, 1.

Block, Walter, Free Market Transportation: Denationalizing the Roads, 3, 2.

——, Hayek's Road to Serfdom, 12, 2.

Childs, Roy A. Jr., The Invisible Hand Strikes Back, 1,1.

Cuzan, Alfred G., **Do We Ever Really Get Out Of Anarchy?**, 3, 2.

Davidson, James D., Note on Anarchy, State, and Utopia, 1, 4.

Eshelman, Larry, Might versus Right, 12, 1.

Evers, Williamson M., Toward a Reformulation of the Law of Contracts, 1, 1.

——, The Law of Omissions and Neglect of Children, 2, 1.

Ferrara, Peter J., Retribution and Restitution: A Synthesis, 6, 2.

Fielding, Karl T., The Role of Personal Justice in Anarcho-Capitalism, 2, 3.

Grinder, Walter E., and John Hagel, III, Toward a Theory of State Capitalism, 1, 1.

Hart, David M., **Gustave de Molinari and the Anti-Statist Liberal Tradition**, 3 parts, 5, 3 to 6, 1.

Hoppe, Hans-Hermann, Fallacies of Public Goods Theory and the Production of Security, 9, 1.
——, Marxist and Austrian Class Analysis, 9, 2.
——, The Private Production of Defense, 14, 1.
Kinsella, N. Stephan, Punishment and Proportionality, 12, 1.
——, New Rationalist Directions in Libertarian Rights Theory, 12, 2.
——, Inalienability and Punishment, 14, 1.
Liggio, Leonard P., Charles Dunoyer and French Classical Liberalism, 1, 3.
Mack, Eric, Voluntaryism: The Political Thought of Auberon Herbert, 2, 4.
McElroy, Wendy, The Culture of Individualist Anarchism in Late 19th-Century America, 5, 3.
McGee, Robert W., Secession Reconsidered, 11, 1.
Osterfeld, David, Internal Inconsistencies in Arguments for Government: Nozick, Rand, Hospers, 4, 3.
——, Anarchism and the Public Goods Issue: Law, Courts, and the Police, 9, 1.
Paul, Jeffrey, Nozick, Anarchism, and Procedural Rights, 1, 4.
Peden, Joseph R., Property Rights in Celtic Irish Law, 1, 2.
Peterson, Steven A., Moral Development and Critiques of Anarchism, 8, 2.
Raico, Ralph, Classical Liberal Exploitation Theory, 1, 3.
Rothbard, Murray N., Robert Nozick and the Immaculate Conception of the State, 1, 1.
——, Concepts of the Role of Intellectuals in Social Change Toward Laissez Faire, 9, 2.
——, Nations by Consent: Decomposing the Nation-State, 11, 1.
Sanders, John T., The Free Market Model versus Government: A Reply to Nozick, 1, 1.
Smith, George H., Justice Entrepreneurship in a Free Market, 3, 4 (with comments by Steven Strasnick, Robert Formani and Randy Barnett and a reply by Smith, in the same issue).
Sneed, John D., Order without Law: Where will Anarchists Keep the Madmen?, 1, 2.
Stringham, Edward, Market Chosen Law, 14, 1.
Tinsley, Patrick, Private Police: A Note, 14, 1.
Watner, Carl, The Proprietary Theory of Justice in the Libertarian Tradition, 6, 3—4.
Fonte:
https://www.lewrockwell.com/2001/12/hans-hermann-hoppe/anarcho-capitalism-2/

Lista de tabelas e gráficos

Tipologia de governanças
Sistemas econômicos
Princípios básicos do anarco-capitalismo
Estágios do capitalismo moderno
Variedades do capitalismo
Posicionamento do libertarianismo
As principais etapas para uma sociedade livre
A espiral dos custos dos serviços públicos
A demarcação no sistema de governança
Etapas institucionais em direção a um governo libertário
O caminho para a demarcação
Estrutura dos órgãos da demarcação
Rotação de membros na Assembleia Geral
Cronograma sequencial de medidas
O triângulo das crises
Contradição do socialismo entre método e meta
Sistemas econômicos
República livre
Fatores de uma economia capitalista
Defeitos estruturais do socialismo
Etapas do desenvolvimento do Estado
Cronologia do anarquismo moderno
Tipos de anarquismo
Tipos de liberdade
Estado total
Regra da res publica
Estrutura institucional
Estrutura de governança
Conceitos básicos
Principais falhas governamentais
Incriminações fundamentais contra o Estado
Princípios da governança econômica
Princípios do anarco-capitalismo
Princípios do anarquismo individual

REFERÊNCIAS BIBLIOGRÁFICAS

Achen, Christopher H. and Larry M. Bartels: Democracy for Realists: Why Elections Do Not Produce Responsive Government (Princeton Studies in Political Behavior) Princeton University Press 2017

Antonopoulos, Andreas M.: The Internet of Money. Merkle Bloom LLC. 2016

Applebaum, Anne: Gulag. A History. Anchor Books. 2004

Applebaum, Anne: Red Famine: Stalin's War on the Ukraine. Doubleday. 2017

Ashford, Nigel and Stephen Davis (eds.): A Dictionary of Conservative and Libertarian Thought (Routledge Revivals). Routledge. 2012

Bagus, Philipp: In Defense of Deflation (Financial and Monetary Policy Studies). Springer 2014

Bagus, Phillipp and Andreas Marquart: Blind Robbery!: How the Fed, Banks and Government Steal Our Money. FinanzBuch Verlag. 2016

Baldwin, Richard: The Great Convergence: Information Technology and the New Globalization. Belknap Press. 2016

Banerjee, Abhijit, and Esther Duflo: Poor Economics: A Radical Rethinking of the Way to Fight Global Poverty. Public Affairs. 2012

Barnett, Anthony: The Athenian Option: Radical Reform for the House of Lords (Sortition and Public Policy Book 5). Imprint Academic. 2017

Barrat, James: Our Final Invention: Artificial Intelligence and the End of the Human Era. St Martin's Griffin. 2015

Belke, Ansgar and Thorsten Polleit: Monetary Economics in Globalised Financial Markets. Springer. 2009

Belloc, Hilaire: The Servile State. T. N. Foulis 1912

Benda, Julien: The Treason of the Intellectuals. Routledge. 2006

Benson, Bruce L: The Enterprise of Law: Justice Without the State. Independent Institute. 2011

Birner, Jack and Pierre Garrouste (eds): Markets, Information and Communication: Austrian Perspectives on the Internet Economy (Routledge Foundations of the Market Economy). Routledge. 2003

Block, Walter: Defending the Undefendable. Ludwig von Mises Institute. 2008

Block, Walter: The Privatization of Roads and Highways: Human and Economic Factors. CreateSpace Independent Publishing Platform. 2012

Block, Walter: Toward a Libertarian Society. Ludwig von Mises Institute. 2014

Boaz, David (ed.). The Libertarian Reader: Classic & Contemporary Writings from Lao-Tzu to Milton Friedman. Simon & Schuster 2015

Boaz, David: The Libertarian Mind. A Manifesto for Freedom. Simon & Schuster. 2015

Boehm-Bawerk, Eugen von: Karl Marx and the Close of His System: A Criticism (Classic Reprint). Forgotten Books. 2012

Boehm-Bawerk, Eugen von: Positive Theory of Capital. Ludwig von Mises Institute. 2007

Bostroum, Nick: Superintelligence: Paths, Dangers, Strategies. Oxford University Press 2016

Boetie, Etienne de la: The Politics of Obedience: The Discourse of Voluntary Servitude. With an Introduction by Murray Rothbard. Ludwig von Mises Insitute. 2015

Boettke, Peter J.: Living Economics: Yesterday, Today, and Tomorrow (Independent Studies in Political Economy). Independent Institute. 2012

Boettke, Peter J.: Calculation and Coordination: Essays on Socialism and Transitional Political Economy (Routledge Foundations of the Market Economy). Routledge 2001

Boettke, Peter J.: The Oxford Handbook of Austrian Economics (Oxford Handbooks). Oxford University Press. 2015

Boettke, Peter J.: The Political Economy of Soviet Socialism: the Formative Years, 1918-1928. 1990th Edition. Springer 1990

Boldrin, Michele and David K. Levine. Against Intellectual Monopoly. Cambridge University Press. 2010

Bourdieu, Pierre: On the State: Lectures at the College de France, 1989 - 1992. Polity 2015

Bouricius, Terry: (S)election: Sortition, the democratic alternative (Fomite Interrogations: A Series of Tracts for Our Time) (Volume 6). Fomite Publishers 2017

Boyes, William J.: Managerial Economics: Markets and the Firm (Upper Level Economics Titles). South-Western College Publications. 2011

Brafman, Ori and Rod A. Becksstrom: The Starfish and the Spider: The Unstoppable Power of Leaderless Organizations. Portfolio. 2008

Brafman, Ori and Rod A. Becksstrom: The Starfish and the Spider: The Unstoppable Power of Leaderless Organizations. Portfolio. 2008

Brackins, Daniel Alexander: Private Property, the Law, and the State. CreateSpace Independent Publishing Platform. 2017

Braun, Eduard: Finance behind the Veil of Money. CreateSpace Independent Publishing Platform. 2016

Brennan, Jason: Against Democracy. Princeton University Press. 2016

Brick, Howard: Transcending Capitalism: Visions of a New Society in Modern American Thought. Cornell University Press. 2016

Brynjolfsson, Eric and Andrew McAfee: The Second Machine Age: Work, Progress, and Prosperity in a Time of Brilliant Technologies. W. W. Norton & Company. 2016

Buchanan, James and Richard Wagner: Democracy in Deficit. The Legacy of Lord Keynes. Emerald Group Publishing. 1977

Burnham, Walter, Ronald P Formisand, Samuel P Hays, Richard Jensen, Paul Kleppner, Williom G. Shade: The Evolution of American Electoral Systems: (Contributions in American History). Praeger 1981

Burnheim, John: The Demarchy Manifesto. For Better Public Policy (Societas). Imprint Academic 2016

Burnheim, John: Is Democracy Possible? The Alternative to Electoral Politics. University of California Press. 1985

Burnheim, John: The Demarchy Manifesto: For Better Public Policy (Societas). Imprint Academic. 2016

Bylund, Per L.: The Problem of Production: A new theory of the firm. Routledge 2015

Cachanosky, Nicolas: Monetary Equilibrium and Nominal Income Targeting (Routledge International Studies in Money and Banking). Routledge. 2018

Caplan, Bryan: The Case against Education: Why the Education System Is a Waste of Time and Money. Princeton University Press. 2018

Caplan, Bryan: The Myth of the Rational Voter: Why Democracies Choose Bad Policies. Princeton University Press. 2008

Chafuen, Alejandro A.: Faith and Liberty: The Economic Thought of the Late Scholastics (Studies in Ethics and Economics). Lexington Books. 2003

Christinsen, Clayton M.: The Innovator's Dilemma: When New Technologies Cause Great Firms to Fail (Management of Innovation and Change). Harvard Business Review Press. 2016

Clark, Gregory: A Farewell to Alms: A Brief Economic History of the World (The Princeton Economic History of the Western World). Princeton University Press. 2009

Cogan, John F.: The High Cost of Good Intentions: A History of U.S. Federal Entitlement Programs. Princeton University Press. 2017

Conquest, Robert: The Great Terror: A Reassessment 40th anniversary Edition. Oxford University Press. 2007

Conquest, Robert: The Harvest of Sorrow: Soviet Collectivization and the Terror-Famine. Oxford University Press; Reprint edition. 1987

Cowen, Tyler and Alex Tabarrok: Modern Principles of Economics. Worth Publishers. 2014

Cowen, Tyler: Average Is Over: Powering America Beyond the Age of the Great Stagnation. Plume. 2014

Cowen, Tyler: The Great Stagnation: How America Ate All the Low-Hanging Fruit of Modern History, Got Sick, and Will (Eventually) Feel Better. Dutton 2011

Coyne, Christopher J. and Abigail R. Hall: Tyranny Comes Home: The Domestic Fate of U.S. Militarism. Stanford University Press. 2018

Cwick, Paul F.: An Investigation of Inverted Yield Curves and Economic Downturns. Ludwig von Mises Institute.

Dahlen, Michael: Ending Big Government: The Essential Case for Capitalism and Freedom. Mill City Press. 2016

Dalrymple, Theodore: Nothing but Wickedness: The Origins of the Decline of Our Culture. Gibson Square Books. 2018

Davidson, James Dale and William Rees-Mogg: The Sovereign Individual: Mastering the Transition to the Information Age. Touchstone. 1999

Delannoi, Gil and Oliver Dowlen (eds.): Sortition: Theory and Practice (Sortition and Public Policy). Imprint Academic. 2010

Deneen, Patrick J.: Why Liberalism Failed (Politics and Culture). Yale University Press. 2018

Diamandis, Peter H. and Steven Kotler: Abundance: The Future Is Better Than You Think. Free Press. Reprint edition. 2014

Di Iorio, Francesco: Cognitive Autonomy and Methodological Individualism: The Interpretative Foundations of Social Life (Studies in Applied Philosophy, Epistemology and Rational Ethics). Springer 2015

Dilorenzo Thomas J.: How Capitalism Saved America: The Untold History of Our Country, from the Pilgrims to the Present. Crown Forum. 2005

Dilorenzo, Thomas: The Problem with Socialism. Regnery Publishing. 2016

Doherty, Brian: Radicals for Capitalism: A Freewheeling History of the Modern American Libertarian Movement. Public Affairs. 2008

Dorn, James A. (ed.): Monetary Alternatives: Rethinking Government Fiat Money. Cato Institute 2017

Dorn, James A., Steve H. Hanke and Alan A. Sir Walters (eds.); The Revolution in Development Economics. Cato Institute. 1998

Dowlen, Oliver: The Political Potential of Sortition: A study of the random selection of citizens for public office (Sortition and Public Policy). Imprint Academic 2009

Drochon, Hugo: Nietzsche's Great Politics. Princeton University Press. 2016
Drucker, Peter: Innovation and Entrepreneurship. HarperBusiness. 2006
Easterbrook, Gregg: It's Better Than It Looks: Reasons for Optimism in an Age of Fear. PublicAffairs. 2018
Easterly, William R.: The Elusive Quest for Growth: Economists' Adventures and Misadventures in the Tropics. The MIT Press. 2002
Easterly, William: The White Man's Burden: Why the West's Efforts to Aid the Rest Have Done So Much Ill and So Little Good. Penguin. 2007
Easterly, William R.: The Tyranny of Experts: Economists, Dictators, and the Forgotten Rights of the Poor. Basic Books. 2015
Ebeling, Richard and Jacob G. Hornberger: The Failure of America's Foreign Wars. Future of Freedom Foundation. 1996
Ebeling, Richard M.: Monetary Central Planning and the State. The Future of Freedom Foundation. 2015
Emerson, Ralph Waldo: The Essential Writings of Ralph Waldo Emerson (Modern Library Classics). Modern Library. 2000
Eire, N. N. Carlos: Reformations: The Early Modern World, 1450-1650. Yale University Press. 2016
Eucken, Walter: The Foundations of Economics: History and Theory in the Analysis of Economic Reality. Springer. 2011
Eusepi, Guiseppe and Richard E. Wagner: Public Debt: An Illusion of Democratic Political Economy (New Thinking in Political Economy series). Edward Elgar Publications. 2017
Erhard, Ludwig: Prosperity Through Competition. Praeger. 1958
Ertel, Wolfgang: Introduction to Artificial Intelligence (Undergraduate Topics in Computer Science). Springer 2018
Evans, Anthony J.: Markets for Managers: A Managerial Economics Primer (The Wiley Finance Series). Wiley. 2014
Evans, Michelle and Augusto Zimmermann(eds.): Global Perspectives on Subsidiarity (Ius Gentium: Comparative Perspectives on Law and Justice). Springer 2014
Evans, Stanton M.: Stalin's Secret Agents: The Subversion of Roosevelt's Government. Threshold Editions. 2013
Ebeling, Richard: Austrian Economics and Public Policy. Restoring Freedom and Prosperity. The Future of Freedom Foundation. 2016
Ferguson, Niall: The Square and the Tower: Networks and Power, from the Freemasons to Facebook. Penguin Press. 2018
Ferguson, Niall: Civilization: The West and the Rest. Penguin Books. 2012
Fareed, Zakaria: The Future of Freedom: Illiberal Democracy at Home and Abroad (Revised Edition). W. W. Norton & Company. 2007
Feyerabend, Paul: Against Method. Verso. 2010
Folsom, Burton W.: The Myth of the Robber Barons: A New Look at the Rise of Big Business in America. Young America Foundation. 1991
Ford, Martin: The Rise of the Robots: Technology and the Threat of a Jobless Future. Basic Book. Reprint edition. 2015
Foss, Nikolai J. and Peter Klein (eds.): Entrepreneurship and the Firm: Austrian Perspectives on Economic Organization. Edward Elgar Publishing. 2002
Frank, Malcolm, Paul Roehrig, Ben Pring: What To Do When Machines Do Everything: How to Get Ahead in a World of AI, Algorithms, Bots, and Big Data. Wiley 2017

Friedman, David D.: The Machinery of Freedom: Guide to Radical Capitalism. CreateSpace Independent Publishing Platform; 3rd edition. 2015

Friedman, Milton and Anna Jacobson Schwartz: A Monetary History of the United States, 1867-1960. Princeton University Press. 1971

Friedman, Milton: Capitalism and Freedom. Fortieth Anniversary Edition. University of Chicago Press. 2002

Fukuyama, Francis: The Origins of Political Order: From Prehuman Times to the French Revolution. Farrar, Straus and Giroux. 2012

Garrison, Roger: Time and Money: The Macroeconomics of Capital Structure (Routledge Foundations of the Market Economy) New Edition. Routledge 2007

Gatto, John Taylor: The Underground History of American Education, Volume I: An Intimate Investigation Into the Prison of Modern Schooling. Valor Academy 2017

Guerin, Daniel (ed.): No Gods No Masters: An Anthology of Anarchism. AK Press 2005

Giddens, Anthony: The Third Way: The Renewal of Social Democracy. Polity Press. 1999

Giddens, Anthony: Capitalism and Modern Social Theory: An Analysis of the Writings of Marx, Durkheim and Max Weber. Cambridge University Press. 1973

Goodwin, Barbara: Justice by Lottery (Sortition and Public Policy). Imprint Academic 2005

Gordon, Robert J. : The Rise and Fall of American Growth: The U.S. Standard of Living since the Civil War (The Princeton Economic History of the Western World). Princeton University Press 2017

Gordon, David: An Austro-Libertarian View: Current Affairs, Foreign Policy, American History, European History (Essays by David Gordon). 3 vols. The Ludwig von Mises Institute. 2017

Granovetter, Marc: Society and Economy: Framework and Principles. Belknap Press: An Imprint of Harvard University Press. 2017

Grant, James: The Forgotten Depression: 1921: The Crash That Cured Itself. Simon & Schuster. 2014

Halberstam, Davin: The Best and the Brightest. Modern Library. 2002

Harford, Tim: Fifty Inventions that Shaped the Modern Economy. Riverhead Books. 2017

Harris, Fred and Alan Curtis (eds.): Healing Our Divided Society: Investing in America Fifty Years after the Kerner Report. Temple University Press. 2018

Haskel, Jonathan and Stian Westlake: Capitalism without Capital: The Rise of the Intangible. Princeton University Press. 2017

Hathaway, Oona A. and Scott J. Shapiro: The Internationalists: How a Radical Plan to Outlaw War Remade the World. Simon & Schuster. 2017

Hayek, Friedrich A. von: Individualism and Economic Order. University of Chicago Press. 1996

Hayek, Friedrich A. von: The Constitution of Liberty: The Definitive Edition (The Collected Works of F. A. Hayek). University of Chicago Press. 2011

Hayek, Friedrich A. von: The Road to Serfdom: Text and Documents -The Definitive Edition (The Collected Works of F. A. Hayek, Volume 2). University of Chicago Press. 2007

Hayek, Friedrich A.: Denationalisation of Money. The Argument Refined. CreateSpace Independent Publishing Platform. 2014

Hazlitt, Henry: Economics in One Lesson: The Shortest and Surest Way to Understand Basic Economics. Crown Business. 1988

Hazlitt, Henry: The Failure of the New Economics. Martino Fine Books. 2016

Heidegger, Martin: The Question Concerning Technology, and Other Essays (Harper Perennial Modern Thought). Harper Perennial Modern Classics; Reissue edition. 2013

Hennig, Brett: The End of Politicians: Time for a Real Democracy. Unbound Digital. 2017

Herbener, Jeffrey M. : Pure Time-Preference Theory of Interest. Ludwig von Mises Institute. 2011

Heyne, Paul L., Peter J. Boettke, and David L. Prychito: The Economic Way of Thinking. Pearson Series in Economics. 2013

Hicks, Stephen, R. C.: Explaining Postmodernism: Skepticism and Socialism from Rousseau to Foucault (Expanded Edition). Ockham's Razor Publishers. 2011

Higgs, Robert: Against Leviathan: Government Power and a Free Society (Independent Studies in Political Economy). Independent Institute. 2004

Higgs, Robert: Crisis and Leviathan: Critical Episodes in the Growth of American Government, 25th Anniversary Edition (Independent Studies in Political Economy). Independent Institute; Anniversary edition. 2013

Higgs, Robert: Depression, War, and Cold War: Studies in Political Economy. Oxford University Press. 2006

Higgs, Robert: Taking a Stand: Reflections on Life, Liberty, and the Economy. Independent Institute. 2015

Hirschman, Albert O.: The Passions and the Interests. Political Arguments before its Triumph (Princeton Classics). Princeton University. 2013

Hirschmann, Albert O.: Exit, Voice, and Loyalty: Responses to Decline in Firms, Organizations, and States. Harvard University Press 1970

Holcombe, Randall G.: Advanced Introduction to Public Choice (Elgar Advanced Introductions series). Edward Elgar Publishers. 2016

Holcombe, Randall G.: Advanced Introduction to the Austrian School of Economics (Elgar Advanced Introductions series). Edgar Elgar Publishers. 2014

Holcombe, Randall G.: Producing Prosperity: An Inquiry into the Operation of the Market Process (Routledge Foundations of the Market Economy). Routledge 2015

Holcombe, Randall G.: Entrepreneurship and Economic Progress (Routledge Foundations of the Market Economy). Routledge 2006

Hoppe, Hans-Hermann: A Short History of Man: Progress and Decline. Ludwig von Mises Institute 2015

Hoppe, Hans-Hermann: A Theory of Socialism and Capitalism. Ludwig von Mises Institute. 2003

Hoppe, Hans-Hermann: Democracy. The God that Failed: Economics and Politics of Monarchy, Democracy and Natural Order (Perspectives on Democratic Practice. Routledge. 2001

Hoppe, Hans-Hermann: The Economics and Ethics of Private Property: Studies in Political Economy and Philosophy, 2nd Edition. Ludwig von Mises Institute. 2010

Hoppe, Hans-Herman: The Myth of National Defense: Essays on the Theory and History of Security Production. Ludwig von Mises Institute. 2003

Horwitz, Steve: Hayek's Modern Family: Classical Liberalism and the Evolution of Social Institutions. Palgrave Macmillan. 2015

Howden, David and Joseph T. Salerno (eds.): The Fed at One Hundred: A Critical View on the Federal Reserve System. Springer. 2014

Huebert, Jacob H.: Libertarianism Today. Praeger 2010

Huerta de Soto, Jesus: Money, Bank Credit, and Economic Cycles. Ludwig von Mises Institute. 2012

Hülsmann, Jörg Guido and Stephan Kinsella (eds.): Property, Freedom, and Society: Essays in Honor of Hans-Hermann Hoppe (LvMI). Ludwig von Mises Institute 2011

Hülsmann, Jörg Guido: The Ethics of Money Production. Ludwig von Mises Institute. 2008

Humboldt, Wilhelm von: The Sphere and Duties of Government (The Limits of State Action). Martino Fine Books. 2014

Illich, Ivan: Deschooling Society (Open Forum S). Marion Boyars Publishers Ltd; New edition edition. 2000

Illich, Ivan: Limits to Medicine: Medical Nemesis, the Expropriation of Health. Marion Boyars Publishers Ltd; Revised ed. Edition. 2000

Infantino, Lorenzo: Individualism in Modern Thought: From Adam Smith to Hayek (Routledge Studies in Social and Political Thought). Routledge 2014

Irwin, Douglas A.: Against the Tide. An Intellectual History of Free Trade. Princeton University Press. 1996

Joshi, Vijay: India's Long Road: The Search for Prosperity. Oxford University Press. 2017

Juma, Calestous: Innovation and Its Enemies: Why People Resist New Technologies. Oxford University Press. 2016

Kant, Imanuel and H.S. Reiss (ed). Kant: Political Writings (Cambridge Texts in the History of Political Thought). Cambridge University Press. 1991

Kealey, Terence: The Case Against Public Science. Cato Unbound. August 2013

Kealey, Terence: The Economic Laws of Scientific Research. Palgrave Macmillan. 1996

Kengor, Paul: The Politically Incorrect Guide to Communism (The Politically Incorrect Guides). Regnery Publishing 2017

Kenny, Charles: Getting Better: Why Global Development Is Succeeding - And How We Can Improve the World Even More. Basic Books. 2012

Keynes, John Maynard: The General Theory of Employment, Interest and Money: With the Economic Consequences of the Peace (Classics of World Literature). Wordworth Editions 2017

Kinsella, Stephan: Against Intellectual Property. Ludwig von Mises Institute. 2015

Kirzner, Israel: Competition and Entrepreneurship (The Collected Works of Israel M. Kirzner). Liberty Fund. 2013

Knight, Frank: Risk, Uncertainty and Profit. Martino Fine Books. 2014

Kocka, Jürgen: Capitalism. A Short History. Princeton University Press. 2017

Kroeber, Arthur A.: China's Economy: What Everyone Needs to Know. Oxford University Press. 2016

Kuehnelt-Leddihn: Eric Ritter von: Liberty or Equality: The Challenge of Our Times. The Ludwig von Mises Institute. 2014

Kuehnelt-Leddihn: Eric Ritter von: Menace of the Herd or Procrustes at Large. Ludwig von Mises Institute. 2012

Kurer, Oskar: John Stuart Mill (Routledge Revivals): The Politics of Progress. Routledge 2018

Kurer, Oskar: The Political Foundations of Development Policies. UPA Publishers 1996

Kurlansky, Mark: Nonviolence: The History of a Dangerous Idea (Modern Library Chronicles). Modern Library 2008

Kurzweil, Ray: The Singularity Is Near: When Humans Transcend Biology. Penguin Books. 2006

Lavoie, Don: Rivalry and Central Planning. The Socialist Calculation Debate Reconsidered (Advanced Studies in Political Economy). Mercatus Center at George Mason University. 2015

Leeson, Peter: Anarchy Unbound: Why Self-Governance Works Better Than You Think (Cambridge Studies in Economics, Choice, and Society). Cambridge University Press. 2014

Leonard, Thomas C.: Illiberal Reformers: Race, Eugenics, and American Economics in the Progressive Era. Princeton University Press. 2017

Legutko, Ryszard: The Demon in Democracy: Totalitarian Temptations in Free Societies. Encounter Books. 2016

Lenin, Vladimir Ilich: State and Revolution. Martino Fine Books. 2011

Leoni, Bruno: Freedom and the Law. Liberty Fund. 1991

Lerch, Hubert: An Introduction to Political Philosophy. CreateSpace Independent Publishing Platform. 2011

Levin, Mark R.: Rediscovering Americanism: And the Tyranny of Progressivism. Threshold Editions. 2017

Levitsky, Steven and Daniel Zieblatt: How Democracies Die. Crown 2018

Lewis, Hunter: Economics in Three Lessons and One Hundred Economics Laws: Two Works in One Volume. Axios Press. 2017

Lewis, Hunter: Where Keynes Went Wrong: And Why World Governments Keep Creating Inflation, Bubbles, and Busts. Axios Press. 2009

Lilla, Mark: The Once and Future Liberal: After Identity Politics. Harper. 2017

Lindsay, Brink: The Age of Abundance: How Prosperity Transformed America's Politics and Culture. Harper Business Reprint edition. 2008

Lingle, Christopher: The Rise and Decline of the Asian Century: False Starts on the Path to the Global Millennium. Bookworld Services. 1998

Lingle, Christopher: The Rise and Decline of the Asian Century: False Starts on the Path to the Global Millennium. Bookworld Services. 1998

Machaj, Mateusz: Money, Interest, and the Structure of Production: Resolving Some Puzzles in the Theory of Capital (Capitalist Thought: Studies in Philosophy, Politics, and Economics). Lexington Books. 2017

Mallaby, Sebastian: The Man Who Knew: The Life and Times of Alan Greenspan. Penguin Books. 2017

Maltsev, Yuri: Requiem for Marx. CreateSpace Independent Publishing Platform. 1993

Maltsev, Yuri: Mass Murder and Public Slavery: The Soviet Experience. The Independent Review 2017

Mandeville, Bernard: The Fable of the Bees and Other Writings (Hackett Classics). Hacket Publishing Company. 1997

Marx, Karl: Das Kapital: A Critique of Political Economy. CreateSpace Independent Publishing Platform. 2011

Marx, Karl and Friedrich Engels: The Communist Manifesto. International Publishers Co; New edition. 2014

McCaffrey, Matthew: The Economic Theory of Costs: Foundations and New Directions (Routledge Frontiers of Political Economy). Routledge 2017

McCloskey, Deirdre: The Bourgeois Virtues: Ethics for an Age of Commerce. University of Chicago Press. 2007

McGroarty, Emmett, Jane Robbins, and Erin Tuttle: Deconstructing the Administrative State. Liberty Hill Publishing. 2017

McLuhan, Marshall: The Gutenberg Galaxy. University of Toronto Press, Scholarly Publishing Division. 2011

Menger, Carl: Principles of Economics. CreateSpace Independent Publishing Platform. 2007

Mencken, H. L.: Notes on Democracy. CreateSpace Independent Publishing Platform. 2013

Mesquita, Bruce Bueno de and Alistair Smith: The Dictator's Handbook: Why Bad Behavior is Almost Always Good Politics. PublicAffairs. 2012

Mierzejewski, Alfred C.: Ludwig Erhard: A Biography. University of North Carolina Press. 2014

Mill, John Stuart: On Liberty, Utilitarianism and Other Essays (Oxford World's Classics). Cambridge University Press. 2015

Miller, Tom: China's Asian Dream: Empire Building along the New Silk Road. Zed Books. 2017

Mises, Ludwig von: Human Action. The Scholar's Edition. Ludwig von Mises Institute. 2010

Mises, Ludwig von: Liberalism. Liberty Fund. 2005

Mises, Ludwig von: Economic Calculation in the Socialist Commonwealth. Ludwig von Mises Institute. 2012

Mises, Ludwig von: Interventionism: An Economic Analysis (Lib Works Ludwig Von Mises PB). Liberty Fund. 2011

Mokyr, Joel: A Culture of Growth: The Origins of the Modern Economy (Graz Schumpeter Lectures). Princeton University Press 2016

Mokyr, Joel: Gift of Athena: Historical Origins of the Knowledge Economy. Princeton University Press 2014

Mokyr, Joel: The Lever of Riches: Technological Creativity and Economic Progress. Oxford University Press. 1992

Molyneux, Stefan: Practical Anarchy. The Freedom of the Future. CreateSpace Independent Publishing Platform. 2017

Mueller, Antony P.: Bubble or New Era? Monetary Aspects of the New Economy. In: Birner, Jack and Pierre Garrouste (eds): Markets, Information and Communication: Austrian Perspectives on the Internet Economy (Routledge Foundations of the Market Economy). Routledge. 2003, pp. 249-261

Muller, Jerry Z.: The Tyranny of Metrics. Princeton University Press. 2018

Muller, Jerry Z.: The Mind and the Market: Capitalism in Western Thought. Anchor. 2003

Murphy, Robert: The Politically Incorrect Guide to the Great Depression and the New Deal (The Politically Incorrect Guides). Regnery Publishing. 2009

Murphy, Robert: Choice: Cooperation, Enterprise, and Human Action. Independent Institute. 2015

Molinari, Gustave de: The Production of Security. Edited by Richard Ebeling with an Introduction by Murray Rothbard. Create Space. 2009

Murray, Charles: In Our Hands: A Plan to Replace the Welfare State. AEI Press. 2016

Murray, Charles: By the People: Rebuilding Liberty Without Permission. Crown Forum. 2015

Murray, Charles: Losing Ground: American Social Policy, 1950-1980. Basic Books. 2015

Nietzsche, Friedrich: The Will to Power. Independently published. 2017

Niskanen, William A.: Reaganomics: An Insider's Account of the Policies and the People. Oxford University Press. 1988

Norberg, Johan: Ten Reasons to Look Forward to the Future. Oneworld Publication. 2017

North, Douglas C. and Robert Paul Thomas: The Rise of the Western World: A New Economic History. Cambridge University Press. 1976

North, Douglass C.: Institutions, Institutional Change and Economic Performance (Political Economy of Institutions and Decisions) Cambridge University Press. 1990

North, Gary: Mises on Money. Ludwig von Mises Institute. 2012

Novak, Michael and Paul Adams: Social Justice Isn't What You Think It Is. Encounter Books. 2015

Nozick, Robert: Anarchy, State, and Utopia. Basic Books Reprint. 2013

O'Driscoll, Gerald P. and Maria Rizzo: The Economics of Time and Ignorance. Routledge Foundations of the Market Economy. Routledge 1996

OECD (Organization for Economic Cooperation and Development: The Sources of Economic Growth in OECD Countries. OECD 2003

Oliver, Michael J.: The New Libertarianism: Anarcho-Capitalism. CreateSpace. 2013

Olson, Mancur: The Logic of Collective Action. Public Goods and the Theory of Groups. Second printing with new preface and appendix (Harvard Economic Studies). Harvard University Press. 1971

Oppenheimer, Franz: The State: Its History and Development Viewed Sociologically. (Classic Reprint). Forgotten Books. 2012

O'Rourke, P. J.: Parliament of Whores: A Lone Humorist Attempts to Explain the Entire U.S. Government. Grove Press. 2003

O'Rourke, P. J.: Eat the Rich: A Treatise on Economics. Atlantic Monthly Press. 1999

Ortega y Gasset, José: The Revolt of the Masses. W. W. Norten & Company. 1994

Ostrom, Elinor: Governing the Commons: The Evolution of Institutions for Collective Action (Canto Classics). Cambridge University Press; Reissue edition. 2015

Ostrowski, James: Progressivism: A Primer on the Idea Destroying America. Cazenovia Books. 2014

Palmer, Tom: Realizing Freedom: Libertarian Theory, History, and Practice. Cato Institute. 2014

Palmer, Tom G, Virginia Prostel, Brink Lindsey, and Tyler Cowen: Libertarianism. Past and Prospects (Cato Unbound Book 32007). Cato Institute. 2007

Parijs, Philippe Van and Yannick Vanderborght: Basic Income: A Radical Proposal for a Free Society and a Sane Economy. Harvard University Press. 2017

Paul, Ron: End the Fed. Grand Central Publishing. 2010

Paul, Ron: Revolution. A Manifesto. Grand Central Publishing. 2009

Pesek, William: Japanization: What the World Can Learn from Japan's Lost Decades. Wiley 2014

Pilling, David: The Growth Delusion: Wealth, Poverty, and the Well-Being of Nations. Tim Duggan Books. 2018

Pinker, Steven: Enlightenment Now: The Case for Reason, Science, Humanism, and Progress. Viking 2018

Pinker, Steven: The Better Angels of Our Nature: Why Violence Has Declined. Penguin Books. 2012

Postrel, Virginia: The Future and Its Enemies: The Growing Conflict Over Creativity, Enterprise. Free Press. 2011
Powell, Benjamin: Out of Poverty: Sweatshops in the Global Economy (Cambridge Studies in Economics, Choice, and Society). Cambridge University Press. 2014
Powell, Jim: FDR's Folly: How Roosevelt and His New Deal Prolonged the Great Depression. Crown Forum. 2004
Powell, James and Paul Johnson: The Triumph of Liberty: A 2,000 Year History Told Through the Lives of Freedom's Greatest Champions. Free Press. 2000
Qui, Insula: Capitalism Works. Independently published. 2018
Rachels, Chase and Christopher Chase Rachels: A Spontaneous Order: The Capitalist Case for a Stateless Society. CreateSpace Independent Publishing Platform. 2015
Raico, Ralph: Classical Liberalism and the Austrian School. CreateSpace Independent Publishing Platform. 2012
Raico, Ralph: Great Wars and Great Leaders: A Libertarian Rebuttal. Ludwig von Mises Institute. 2015
Ratner-Rosenhagen, Jennifer: American Nietzsche: A History of an Icon and His Ideas. University of Chicago Press; Reprint edition. 2012
Rawls, John: Justice as Fairness: A Restatement. Belknap Press: An Imprint of Harvard University Press. 2001
Rand, Ayn: Capitalism. The Unknown Ideal. Signet; Reissue edition. 1986
Reed, Lawrence R.: Great Myth of the Great Depression. Foundation for Economic Education. 2015
Reisman, George: Capitalism. A Treatise on Economics. TJS Books 1996
Reisman, George: The Government Against the Economy. Jameson Books. 1985
Reybrouck, David van: Against Elections. The Case for Democracy. Random House U.K. 2017
Reynolds, Morgan O.: Making America Poorer: The Cost of Labor Law. Cato Institute. 1987
Richman, Sheldon: America's Counter-Revolution: The Constitution Revisited. Grifien & Lash. 2016
Ridley, Matt: The Rational Optimist: How Prosperity Evolves. Harper Perennial. 2011
Rifkin, Jeremy: The Zero Marginal Cost Society: The Internet of Things, the Collaborative Commons, and the Eclipse of Capitalism. St. Martin's Griffin; Reprint edition. 2015
Ritenour, Shawn (ed.): The Mises Reader Unabridged. Ludwig von Mises Institute. 2016
Roberts, Paul Craig: The Tyranny of Good Intentions: How Prosecutors and Law Enforcement Are Trampling the Constitution in the Name of Justice. Crown. 2008
Rockwell, Llewellyn, H. Jr.: Against the State. An Anarcho-Capitalist Manifesto. Rockwell Communication. 2014
Rosenberg, Nathan and L. E. Birdzell: How the West Grew Rich: The Economic Transformation Of The Industrial World. Basic Books. 1987
Rosling, Hans, Anna Rosling Rönnlund, Ola Rosling: Factfulness: Ten Reasons We're Wrong About the World--and Why Things Are Better Than You Think. Flatiron Books 2018
Rothbard, Murray N.: Anatomy of the State. Bhpublishing. 2014
Rothbard, Murray N.: For a New Liberty. The Libertarian Manifesto. CreateSpace Independent Publishing Platform. 2006

Rothbard, Murray N.: What Has Government Done to Our Money? Ludwig von Mises Institute. 2015
Rothbard, Murray N.: Man, Economy, and State with Power and Market, Scholar's Edition. Ludwig von Mises Institute. 2011
Rothbard, Murray N.: America's Great Depression. Ludwig von Mises Institute. 2000
Rummel, Rudy J.: Death by Government: Genocide and Mass Murder Since 1900. Routledge 1997
Rummel, Rudy J.: The Blue Book of Freedom: Ending Famine, Poverty, Democide, and War. Cumberland House Publishing. 2007
Salerno, Joseph T.: Money: Sound and Unsound. Ludwig von Mises Institute. 2015
Say, Jean-Baptiste: A Treatise on Political Economy: Or the Production, Distribution and Consumption of Wealth. CreateSpace Independent Publishing Platform. 2013
Schiff, Peter: How an Economy Grows and Why It Crashes. Wiley. 2010
Schmitt, Carl: The Leviathan in the State Theory of Thomas Hobbes: Meaning and Failure of a Political Symbol (Heritage of Sociology). University of Chicago Press Ed Edition. 2008
Schmitt, Carl: The Concept of the Political: Expanded Edition Enlarged Edition with a Commentary by Leo Strauss. The University of Chicago Press. 2007
Schoolland, Ken: The Adventures of Jonathan Gullible. A Free Market Odyssey. Liberty Publishing. 2011
Schumpeter, Joseph A.: Business Cycles: A Theoretical, Historical, and Statistical Analysis of the Capitalist Process (2 Vols.). Martino Fine Books. 2017
Schumpeter, Joseph A.: Can Capitalism Survive?: Creative Destruction and the Future of the Global Economy. Harper Perennial Modern Classics. 2009
Schumpeter, Joseph A.: Capitalism, Socialism, and Democracy: Third Edition. Harper Perennial Modern Classics. 2008
Schumpeter, Joseph A.: Essays: On Entrepreneurs, Innovations, Business Cycles and the Evolution of Capitalism. Routledge 1989
Schumpeter, Joseph A.: Theory of Economic Development (Social Science Classics Series). Routledge 1981
Schwab, Klaus and Nicholas Davis, Satya Nadella: Shaping the Fourth Industrial Revolution. World Economic Forum. 2018
Scruton, Roger: Fools, Frauds and Firebrands: Thinkers of the New Left. Bloomsbury Continuum. 2017
Selgin, George: Financial Stability without Central Banks. London Publishing Partnership. 2018
Selgin, George: Money: Free and Unfree. Cato Institute. 2017
Selgin, George: Less Than Zero. The Case for a Falling Price Level in a Growing Economy. CreateSpace Independent Publishing Platform. 2014
Selgin, George: The Theory of Free Banking. Rowman & Littlefield Publisher. 1988
Sen, Amartya: Development as Freedom. Anchor. 2000
Sévillia, Jean: Le terrorisme intellectuel (French Edition). Tempus Perrain. 2017
Shaffer, Butler: Boundaries of Order: Private Property as a Social System. CreateSpace Independent Publishing Platform. 2009
Shaffer, Buttler: The Wizards of Ozymandias: Reflections on the Decline and Fall. CreateSpace Independent Publishing Platform. 2012
Shlae, Amity: The Forgotten Man: A New History of the Great Depression

Harper Perennial. 2008
Simon, Julian Lincoln: The Ultimate Resource 2. Princeton University Press. 1998
Sintomer, Yves: Das demokratische Experiment: Geschichte des Losverfahrens in der Politik von Athen bis heute (German Edition). Springer 2016
Smiley, Gene: Rethinking the Great Depression (American Ways). Ivan R. Dee Publisher. 2003
Smith, Adam: The Theory of Moral Sentiments. Digireads.com. 2010
Smith, Adam: The Wealth of Nations (Bantam Classics). Bantam Classics; Annotated edition. 2003
Snyder, Timothy: On Tyranny: Twenty Lessons from the Twentieth Century. Tim Duggan Books. 2017
Sombart, Werner: The Quintessence Of Capitalism: A Study Of The History And Psychology Of The Modern Business Man. Scholar Select. Andesite Press. 2017
Solzhenitsyn, Aleksandr: The Gulag Archipelago. The Harvill Press. 2003
Soto, Hernando de: The Mystery of Capital: Why Capitalism Triumphs in the West and Fails Everywhere Else. Basic Books. 2003
Sowell, Thomas: Basic Economics. Basic Books. 2014
Sowell, Thomas: Economic Facts and Fallacies. Basic Books. 2011
Sowell, Thomas: The Quest for Cosmic Justice. Free Press 2002
Spencer, Herbert: Social Statics: Or, The Conditions Essential to Human Happiness Specified and the First of them Developed. Nabu Press. 2011
Srinivasa, Bhu: Americana: A 400-Year History of American Capitalism. Penguin Press. 2017
Steil, Ben: The Marshall Plan: Dawn of the Cold War. Simon & Schuster. 2018
Steil, Ben: The Battle of Bretton Woods: John Maynard Keynes, Harry Dexter White, and the Making of a New World Order (Council on Foreign Relations Books). Princeton University Press. 2014
Stirner, Max: The Ego and His Own: The Case of the Individual Against Authority (Dover Books on Western Philosophy). Dover Publications. 2005
Stone, Peter: Lotteries in Public Life: A Reader (Sortition and Public Policy). Imprint Academic. 2012
Stringham, Edward Peter: Private Governance: Creating Order in Economic and Social Life. Oxford University Press. 2015
Susskind, Richard and Daniel Susskind: The Future of the Professions: How Technology Will Transform the Work of Human Experts. Oxford University Press. Reprint edition. 2017
Suvorov, Viktor: Icebreaker. Who Started the Second World War? PL UK Publishing. 2012
Taleb, Nassim Nicholas: Skin in the Game: Hidden Asymmetries in Daily Life. Random House 2018
Taylor, Frederick: The Downfall of Money: Germany's Hyperinflation and the Destruction of the Middle Class. Bloomsbury Press. 2015
Taylor, Mark Zachary: The Politics of Innovation: Why Some Countries Are Better Than Others at Science and Technology. Oxford University Press. 2016
Thiel, Peter: Zero to One: Notes on Startups, or How to Build the Future. Currency Publishers. 2014
Thornton, Mark: The Bastiat Collection. Ludwig von Mises Institute. 2017
Thornton, Mark: The Economics of Prohibition. Ludwig von Mises Institute. 2014
Tilly, Charles: Coercion, Capital and European States, A.D. 990 - 1992. Wiley-Blackwell. 1992

Tirole, Jean: Economics for the Common Good. Princeton University Press. 2017
Tooley, Hunt: The Great War: Western Front and Home Front. Palgrave 2015
Tucker, Jeffrey: A Beautiful Anarchy: How to Create Your Own Civilization in the Digital Age. Laissez Faire Books. 2012
Vance, Laurence M.: War, Empire, and the Military: Essays on the Follies of War and U.S. Foreign Policy. Vance Publications. 2014
Vedder, Richard: Going Broke By Degree: Why College Cost. AEI Press. 2004
Veryser, Harry C.: It Didn't Have to be This Way: Why Boom and Bust Is Unncessary - and How the Austrian School of Economics Breaks the Cycle (Culture of Enterprise).ISI Books.2013
Volcker, Paul and Toyoo Gyohten. Changing Fortunes. Crown. 1992
Walsh, Michael: The Devil's Pleasure Palace: The Cult of Critical Theory and the Subversion of the West. Encounter Books. 2017
White, Lawrence: The Clash of Economic Ideas: The Great Policy Debates and Experiments of the Last Hundred Years. Cambridge University Press. 2012
White, Lawrence: The Theory of Monetary Institutions. Wiley-Blackwell. 1999
White, Lawrence: Competition and Currency: Essays on Free Banking and Money. New York University Press. 1992
Wisniewski, Jakub: The Economics of Law, Order, and Action: The Logic of Public Goods (Routledge Advances in Heterodox Economics). Routledge. 2018
Williams, Walter E.: American Contempt for Liberty (Hoover Institution Press Publication). Hoover Institution Press 2015
Williams, Walter E.: Race & Economics: How Much Can Be Blamed on Discrimination?. Hoover Institution Press. 2011
Williams, Walter E.: Liberty Versus the Tyranny of Socialism: Controversial Essays. Hoover Institution Press; 1st edition (September 1, 2008)
Wolfram, Gary: A Capitalist Manifesto: Understanding The Market Economy And Defending Liberty. Dunlap Goddard. 2013
Woods, Thomas E.: Meltdown: A Free-Market Look at Why the Stock Market Collapsed, the Economy Tanked, and Government Bailouts Will Make Things Worse. Regnery 2009
Yergin, Daniel and Joseph Stanislaw: The Commanding Heights: The Battle for the World Economy. Free Press. 2002
Zelmanovitz, Leonidas: The Ontology and Function of Money: The Philosophical Fundamentals of Monetary Institutions (Capitalist Thought: Studies in Philosophy, Politics, and Economics). Lexington Books 2015

SOBRE O AUTOR

Dr. Antony P. Mueller é um professor alemão de economia que atualmente leciona no Brasil. Ele é o fundador do Capital Studies Group (CSG), um *Senior Fellow* do *American Institute for Economic Research* (AIER), um *associate scholar* do *Ludwig von Mises Institute USA* e um membro per mérito do Instituto Mises Brasil (IMB).

Ele possui doutorado em economia pela Universidade Friedrich-Alexander Erlangen-Nuremberg, Alemanha, atuou como professor e pesquisador na Europa e nos Estados Unidos (onde foi também Fulbright Scholar) e foi professor visitante em várias universidades da América Latina, incluso na *Universidad Francisco Marroquin* (UFM) em Guatemala.

websites:

www.capitalstudies.org
www.continentaleconomics.com

Blogs:
www.economianova.blogspot.com
www.socec.blogspot.com

YouTube vídeos:
https://www.youtube.com/user/antonymueller/videos

Contact:
antonymueller@gmx.com

Amazon author page:
https://www.amazon.com/ANTONY-P.-MUELLER/e/B07BHF4RG8/ref=ntt_dp_epwbk_0